林順治
Junji Hayashi

隠された日本古代史 III

存在の故郷を求めて

彩流社

目次

▼既刊の目次▲

第Ⅰ巻

第Ⅱ巻

第一章　八幡神の正体――もしも応神天皇が百済人であったとすれば

◆はじめに

鎌倉時代の僧神吽《じうん》が執筆・編集した『八幡宇佐宮御託宣集』（以下、『託宣集』）によると八幡神出現のクライマックスは次の通りです。

『八幡宇佐宮御託宣集』

欽明天皇の敷城島金刺宮《しきしまのかなさしのみや》で天下を治めていた戊子《つちのえね》年（五六八年＝欽明天皇二九年）、宇佐郡厩峯《まきのみね》と菱形池《ひしがたいけ》の間に鍛冶翁《かじおう》が降り立った。

それを見ようとして近づくものが五人あれば三人が死に、一〇人あれば五人が死んだ。きわめて奇異なことであった。そこで大神比義《おおがのひぎ》は食を絶ち、すなわち御幣《ごへい》を捧げ「君汝《もしなんじ》神ならば我が前に顕《あらわ》るべし」と三年間祈り続けた。

すると欽明天皇三二年（五七一年、干支は辛卯）、竹の葉に乗った三歳の童子が大神比義の前に現れ、〝辛国《からくに》の城に始めて八流の幡と天下《あまくだ》って、吾は日本の神と成《な》れり〟と言った。この神こそ第一六代誉田《ほむた》天皇(応神天皇)である。

大神比義第二二代の家に生れた神吽《じうん》が『託宣集』の執筆にとりかかったのは第九代執権北条貞時の治世下の六〇歳の時でした。それまで神吽は宇佐八幡宮弥勒《みろく》寺の学僧を勤めていました。そして二四年後の第一二代執権北条熙時《ほうじょうひろとき》の時代に全一六巻を稿了し、その翌年神吽は死去します。

神吽の『託宣集』執筆の動機は四三歳の時に体験した第八代執権北条時宗(一二五一―一二八四)治世下の蒙古襲来と言われています。元《げん》・高麗《こうらい》軍は文永一一年(一二七四)一〇月二〇日壱岐《いき》・対馬から博多湾一帯を襲いました。ちょうど日蓮が佐渡の流刑から赦免されて九ヶ月後のことです。元・高麗軍は、再度、七年後の弘安四年(一二八一)五月二一日対馬・壱岐を侵略しますが、翌月の六月六日から一三日にかけての志賀島上陸に失敗します。

当時、八幡神は武士団の神、国家鎮護の神としてその影響力は頂点に達していました。伊勢神宮が天皇家の宗廟《そびょう》であるのに対し、宇佐宮は国家存亡の危機に対しての効験が期待されたのです。ところが蒙古の軍勢が大挙侵攻してくるという弘安三年の一一月鶴岡八幡宮が火災で炎上します。日本存亡の危機を憂いた日蓮は「八幡大菩薩は日本に正直な人がいない故に、宮を焼いて天に上った」と訴えました。

日蓮は「八幡大菩薩は日蓮を迫害する為政者を罰せずに却《かえ》って守護を加えた科《とが》によって

梵天《ぼんてん》・帝釈天《たいしゃくてん》の罰を被《こうむ》った」と八幡神を批判しました。「しかし八幡大菩薩の本地は釈迦如来なので垂迹《すいじゃく》は日本国に生まれて正直の頂《こうべ》に宿る。であれば、大菩薩が今宝殿を焼いて天に上ったとしても、法華経の行者が日本国にいるならばそこに棲むだろう」と日蓮は八幡神を擁護します。

法華経の経文によれば、「南無妙法連華経」と唱えるならば大梵天・帝釈天・日月・四天王が昼夜守護するはずだからです。梵天と帝釈天は一対として祀られることが多く、両者を併せて「梵釈」と呼ばれます。当初、釈迦牟尼《しゃかむに》の悟りを広めることをためらった梵天と帝釈天ですが、後、釈迦の教えに従うようになったからです。梵天・帝釈天に仕える四天王の像は四天王寺や東大寺戒壇院や興福寺が有名です。言ってみば四天王は仏を武力・軍事で守る神なのです。

ところで日蓮が「天照大神・正八幡宮等は我が国の本主である」と言っても、日蓮にとってアマテラスや八幡神は日本でこそ重んじられているが、梵天・日月・四天王にくらべればアマテラスさえも「娑婆《しゃば》世界の一角にすぎない日本の主」という以上のものではありませんでした。

八幡神出現の欽明天皇の世から神仲の『託宣集』を経て平成の現在まで、長きにわたって日本および日本人の信心《しんじん》の対象となった八幡神とはいったいどのような神なのでしょうか。

しかし〝八流の幡と天下って吾は日本の神と成れり〟と宣言した八幡神が、もし第一六代応神天皇であるならば鎌倉幕府の北条氏も八幡太郎義家を祖とする足利・新田・佐竹・武田氏も、前者は平氏、後者は源氏の臣籍降下《しんせきこうか》の皇子を出自とし、桓武天皇を源流とすることでは同じです。しかし天智系桓武天皇も天武系聖武天皇も元はと言えば応神天皇を祖とすることでは同じなのです。

であれば応神天皇＝八幡神とは何を意味するのでしょうか。日本の国家の起源および日本人の出自はいったいどうなるのでしょうか。本書はこのような疑問と探索が執筆の動機なっていることをあらかじめ読者の皆様にお伝えしておく次第です。

記紀神話に登場しない八幡神

現在日本の全国津々浦々にある約八万の神社の半分を八幡神社が占め、その大半は応神天皇を祭神としています。八幡神は「やはたのかみ」あるいは「はちまんしん」または「はちまんだいぼさつ（八幡大菩薩）」とも呼ばれ、「八幡」のつく歴史上の有名な人物では八幡太郎義家という頼朝・義経兄弟の先祖にあたる武人がいます。

本書では「はちまんしん」と呼ぶことにします。私たちの小さいころは「はちまんさま」と呼び、神社の広い境内で野球をしたり、土俵で相撲をとったり、春と秋の祭りには三日三晩境内に筵《むしろ》敷いて盆踊りや芝居を見て楽しみました。

八幡神社の中で一番古くて大きい神社は九州大分にある宇佐八幡宮です。次に古いのが京都府八幡市の石清水《いわしみず》八幡宮、そして鎌倉の鶴岡八幡宮の順番です。いずれも「八幡神社」とも「八幡宮」とも呼ばれますが、祭神の主は応神天皇です。石清水八幡宮は天皇家と藤原氏、鶴岡八幡宮は源氏が深く関与していますが、一番古い宇佐八幡宮は『託宣集』に書かれているように、欽明天皇に派遣された大神比義《おおがのひぎ》が応神を祀ったのが最初かもしれません。そのことを明らかにすることも本書の主要なテーマです。

八幡神は渡来の神と言われ、神体が菩薩形をとる神（僧形八幡神）の宇佐八幡神は神と仏のいわゆる神仏習合の典型とされています。渡来の神と言われるのは、事実、八幡神社の祭神である応神天皇は百済から渡来した実在の王子であるという説を唱える在野の古代史研究者が一九九〇年代になって現れます。

神仏習合の神宮寺《じんぐうじ》は日本では神社に附属して建てられた仏教寺院か仏堂とされていますが、神が先か仏が先かあるいは仏のほうが強いのか弱いのかはっきりしません。欽明天皇の仏教公示（五三八年）を契機に外来の仏か古来の神かをめぐって、蘇我稲目が礼拝した仏像を物部御《お》輿《こし》と中臣鎌子が海に捨てたり、寺を焼いたりしたことが『日本書紀』に書かれています。

しかし八幡神が渡来の神かもしれないという研究者がいるとしても、いっぽうでは八幡神＝応神は渡来の神や他国の神を祭神とするはずがないと思わせるに十分なほど、日本各地の大小の村や町に祭られ、そして永い間、四季折々の祭りを通して日本人の心のなかに深く染み込んでいます。

松尾芭蕉がこよなく愛した木曽義仲も小矢部《おやべ》埴生《はにゅう》の八幡神社の千木《ちぎ》を見て倶利伽羅峠《くりからとうげ》の平家との決戦を前に必勝の祈願をします。平家一門の都落ちでは平大納言時忠は男山八幡宮に向かって「南無帰命頂礼、八幡大菩薩、帝《みかど》をはじめわれわれを都にお返し下さい」と祈っています。源氏も平家も同じ八幡大菩薩を拝んでいます。

しかし不思議なことに日本の正史と称される『日本書紀』では第一六代天皇の応神は神武・

崇神と同じように「神」の名のつく人にして神、神にして人の歴代天皇のなかの主役であるにもかかわらず、八幡神はたったの一度も登場していません。これはどうしたわけでしょうか。『記紀』には住吉の神として底筒男《そこつのお》・中筒男《なかつのお》・表筒男《うわつのお》・息長足姫《おきながたらしひめ》や、宗像《むなかた》神社の祭神として田心姫《たこりひめ》・湍津姫《たぎつひめ》・市杵姫《いつきひめ》が登場しています。

スサノオとアマテラスは「誓約《うけい》によって五人の男神と三人の女神を生みます。しかしアマテラスは「物根《ものざね》を理由に五人の男神を自分の子とし、三人の女神をスサノオの子とします。『日本書紀』は神武を初代とし持統を第四一代の天皇とするアマテラスを祖とする万世一系の天皇家の物語です。

このことで気が付きましたが、応神の生みの親で「神」のつく名の気長足姫尊《おきながたらしひめのみこと》という和風諡号《しごう》をもつ巫女《みこ》と預言者の神功《じんぐう》皇后がいます。巫女と化した神功が夫の仲哀天皇に祟った神は誰かと審神者《さにわ》（中臣烏賊津使主《なかとみのいかつのむらじ》）に問いますが、その答は先の底筒男《そこつのお》・中筒男《なかつのお》・表筒男の神です。そして神功はこれらの神々を三韓（新羅・高句麗・百済）征伐の守護神として祀ります。

三韓征伐を果たした神功は九州で応神を生み、六九年もの長い間天皇の代わりをつとめていますが、四一人の天皇のなかには入っていません。この神功皇后も応神天皇や比咩神《ひめかみ》と一緒に八幡神社の祭神として祭られています。しかし大帯媛《おおたらし》こと神功は弘仁一四年（八二三）、八幡神と比咩神の祀られている宇佐宮に新たに追加されたことがわかっています。

横手盆地の八幡太郎義家

このように物知り顔に話す私も、実は、ある人物の著作に出会うまでは、八幡神社は八幡太郎義家を祭る神社ではなく、義家や父の頼義や祖父の頼信が応神天皇を祀ったのだとは知りませんでした。なぜ源氏が応神天皇を祭るようになったのでしょうか。これが本書の三つ目のテーマです。

私が幼少年時代を過ごした郷里は横手盆地のほぼ中央を東西に走る本荘街道と交わる雄物川右岸に位置する秋田県平鹿郡福地村の深井（現横手市雄物川町深井）という名の家数六〇戸ほどの全国どこでも見かける街道筋の集落です。横手盆地は横手から深井まで東西一六キロ、南の湯沢から北の大曲まで約四〇キロの楕円形をしています。

湯沢・新庄間は院内峠を越えてJR奥羽線で結ばれ、国道一〇七号線の本荘街道は本荘から出羽山地・横手盆地・奥羽山脈・北上山地を横断して陸中海岸の大船渡につながっています。山形・宮城・岩手の県境を源流とする役内川、皆瀬川、成瀬川、西馬音内《にしもない》川を集めて出羽山地沿いを流れる雄物川は深井の近くで川幅が狭まり水深三メートルの深さになります。

対岸の橋の袂《たもと》の山肌が露出した五〇メートルほどの山に上ると、奥羽山脈を背景に点々と散在する集落の美しい風景を見渡すことができます。しかし盆地の空は日本海側の鳥海山から立ち上る雲にたちまち蔽われ、一面の田畑や村や町の家々もまもなく積雪の多い冬景色に変わります。

私が小学生の頃は横手・本荘間を一日何本かのバスが砂ぼこりあげて走っていました。本荘街道北側からの三つの小路は八幡神社の社殿裏の雄物川の広々とした河原に続いています。あたり一面の稲穂が風でそよぐ頃、家々で思い思いにつくった真菰《まこも》の武者人形を八幡神社の境内の山車《だし》に持ち寄ります。山車にはすでに二メートルちかい巨大な鹿島さまが据えられています。

山車は夕刻時に笛と太鼓と囃子に合わせて踊る一二歳から一四歳の少女たちを載せて村を一周したあと、藁船に載った鹿島人形は八幡神社の裏の河原から流されると夏が始まるのです。祭りの翌日から子どもたちは裏の畑のキュウリをもぎっとって河原に急ぎます。

私たちが夏の水浴び場にしている向こう岸の岩場に馬の蹄《ひづめ》のような跡が点々と二〇〇メートルも続いているのを八幡太郎義家の軍勢が通った跡だと物知りの先輩に教わりました。その岩場から下流二キロほどの所に義家が大雪のなかを攻めたという清原家衡の沼の柵の森が見えました。そこにも大きい沼館八幡神社があり、雄物川対岸の出羽丘陵突端の小高い山の矢神八幡神社からは天気のよい日には奥羽山脈西麓の金沢柵の森がより間近に見えるほどでした。

鹿島送りは藤原氏が武甕槌大神《たけみかづちのおおかみ》を祭神とする鹿島神宮がエミシ討伐に行った儀礼が五穀豊穣の祭りに変化したもの考えられます。それがなぜ雄物川中流域から上流にかけて盛んなのかその理由はわかりませんが、八幡太郎義家の沼の柵への遠征による影響かもしれません。

義家は数万の兵を集めて沼柵から金沢柵に移った清原家衡・武衡を攻めたて、清原家衡・武衡を晒《さら》し首にします。義家は二人の首を恩賞の証拠に持ち帰りますが、朝廷から私戦と見なされた義家はそれらの首を捨てたと、『後三年絵巻物語』は西瓜《すいか》のように崖下に転がった二人の首を描いています。

宇佐八幡宮の放生会

おそらく、真菰《まこも》の鹿島様は八幡神の託宣をうけた豊前国司宇努首男人《うぬのおびとおひと》が隼人をおびき出すために使った傀儡子《くぐつ》人形を真似てつくられたのかもしれません。鹿島送りは征服者と被征服者の長い年月をかけた和解と懺悔の儀式が簡略化されたものと考えられます。

隼人は傀儡子をみて戦いを中止したために殺戮されたと言い伝えられています。隼人殺戮に用いたという五十数体の傀儡子は英彦山《ひこさん》（福岡県田川郡添田町と大分県中津市山国町にまたがる標高一二〇〇メートル）を水源とする周防灘《すおうなだ》に注ぐ山国川右岸の古要《こよう》神社（大分県中津市大字伊藤田）と左岸の古表《こひょう》神社（福岡県築上郡吉富町大字小犬丸）に祭神として祭られています。

古要神社では三年に一度一〇月一二日に傀儡子舞と傀儡子相撲、古表神社では四年に一度細男舞《せのおまい》（傀儡子の舞）と東西各一〇体の神相撲が催されます。二社の傀儡子は、毎年七月後半に始まり八月一五日をクライマックスとする宇佐八幡宮の放生会《ほうじょうえ》にも加わります。

宇佐宮の放生会は八幡宮の東北五キロの和間《かずま》浜の浮殿和間神社の前を流れる川や海に蜷《にな》（巻貝）を放生します。この宇佐八幡の放生会の蜷は八幡神軍に殺戮された大隅・日向の隼人の霊を意味し、八幡神の懺悔と鎮魂の儀礼は全国の各寺や神社で行われる放生会のなかでもっとも古いとされています。

百済から渡来した二人の王子

ところで応神天皇が百済からきた王子であることを明らかにした本の著者は石渡信一郎という在野の古代史研究者です。氏は今から二四年前（一九八八年）に出版した『日本古代王朝の成立と百済』という私家版で、「日本の古代国家が新旧二つの朝鮮渡来集団によって成立した」という説を発表しました。当時、石渡氏は二五年間勤めていた都立高校の英語の教師を退職した後、アイヌ民族の研究をかねて札幌の郊外に移住しました。

百済は高句麗・新羅と同じように騎馬民族ツングース系扶余《ふよ》族がつくった国ですが、唐と新羅の連合軍によって六六〇年に滅びました。その百済の都漢城（現ソウル）で生まれた王子昆《こん》支《き》が、四七五年高句麗の侵略によって百済が南の熊津《ゆうしん》（現・忠清道公州市）に遷都する一五年前の四六一年に加羅系崇神王朝の倭王済に婿入りしました。

昆支王渡来の史実は『日本書紀』にも書かれていますが、歴史学者も研究者も百済の昆支王が倭国で王になったとは考えもしませんでした。

大阪府羽曳野《はびきの》市にある全長四二五メートルの古墳は応神陵とも誉田陵《ほむたのみささぎ》とも呼ばれます。誉《ほむ》田《た》は昆支《こむき》の転訛した名です。誉田陵（伝応神陵）は大きさでは堺市の仁徳陵に次ぐ巨大古墳ですが、二つの巨大古墳は東西わずか一五キロも離れていません。

日本で一番目か二番目に大きい二つの天皇陵に百済から倭王のもとに婿入りした兄と弟の王子が埋葬されていることは、石渡説が発表されるまで誰も想像さえしませんでした。詳細は石渡氏の『百済から渡来した応神天皇』（『応神陵の被葬者はだれか』の改訂新版）ほか一連の著作と私が昨年暮れに出版した『仁徳陵の被葬者は継体天皇だ』（河出書房新社）をご覧ください。

日本古代国家は新旧二つの渡来集団によって建国されたという説は、奈良県と和歌山県の県境を流れる紀ノ川上流右岸の隅田八幡神社に伝えられた四八文字の人物画像鏡銘文の「日十大王」が応神陵の被葬者と同一人物であることよって論証されたのです。現在、この鏡は国宝として上野の国立博物館に展示されています。

ちなみに隅田八幡鏡（癸未年鏡）が伝来したという隅田八幡神社はいつ石清水八幡宮から勧請されたのか明らかではありませんが、摂政藤原兼家（藤原道長の父）が永延元年（九八七）に一条天皇の三昧堂のために隅田荘に寄進したことに始まるとされています。

渡来国家と対三七年エミシ戦争

さて本書の四つ目のテーマは、日本が新旧二つの朝鮮渡来集団によって建国されたのであるならば、日本全土かあるいは東北や北海道を中心に住んでいた縄文系エミシ・アイヌとの関係がどのようなものであったかということです。石渡氏が札幌に移住したのはその研究のためでした。氏は私家版で最初に出した本が『アイヌ民族と古代日本』で、後に『古代蝦夷と天皇家』を出版しているからです。

『日本書紀』に敏達天皇一〇年条（五八一）にエミシの魁師《ひとごとかみ》綾糟《あやかす》が天皇に召されて三輪山に

向かって盟約する記事や、景行紀のヤマトタケルの東征の話や、斉明天皇四年の阿倍比羅夫が日本海を北上して秋田・能代のエミシに降伏を誓わせる記事が載っています、

しかしエミシに誓約させる天皇とエミシの関係が明らかでありません。なぜ魁師綾糟が泊瀬川の川中に入り、「もし誓いに背いたならば天地の霊と天皇の霊に、私ども種族が絶滅されるでしょう」と水をすすり三輪山に向かって誓ったのでしょうか。

文武天皇元年（六九七）から元明・元正・聖武・孝謙・淳仁・称徳（孝謙の重祚）・光仁・桓武天皇の延暦一〇年（七九一）まで九代九五年間（うち女性天皇三人、三二年間）の歴史を扱った『続日本紀』（七九七年完成）にはエミシ攻略と植民と移配の記事が満載され、しかもその記事は系統的です。光仁天皇宝亀五年（七七四）に始まり、嵯峨天皇弘仁二年（八一一）に終わる対三七年エミシ戦争は律令国家によるエミシ侵略と征服の過程を詳細に記録しています。

この二つの正史の間にある大きなギャップ（隔たり）があるのは何故でしょうか。そして「八幡」の文字が初めて登場するのは『続日本紀』の聖武天皇の天平九年（七三七）四月一日です。この年は大宰府に天然痘が発生した年であり、陸奥の按察使《あぜちし》大野東人が「男勝村を攻略して秋田柵までの最短距離の道路を造りたい」と報告した年です。

八幡神はエミシ攻略と植民・移配政策に関係があるのでしょうか。八幡神は律令国家が日本を名乗る前には存在したのでしょうか、しなかったのでしょうか。八幡神の研究で大きな業績をあげた中野幡能《はたよし》（一九一六―二〇〇二）は、八幡神こと応神の霊が出現するもっとも古い史

料は弘仁一二年（八二一）八月一五日の太政官符に引用された弘仁六年（八一五）の大神清麻呂解状としています。

船王後《ふねのおうご》の墓誌

最近、新たな史実が明らかになっています。稲荷山鉄剣銘文の「獲加多支鹵大王寺在斯鬼宮時」（ワカタケル大王の寺、シキの宮に在る時）の「斯鬼宮」について、石渡氏はこれまでの見解を修正し、この「斯鬼宮」は「大和橿原の明宮《あきらのみや》」ではなく、現在の近鉄南大阪線の土師《はじ》ノ里駅に近い允恭《いんぎょう》天皇陵（市野山古墳）北側に隣接する藤井寺市総社《そうじゃ》の地（総社二丁目の国府遺跡）としています。国府《こう》遺跡に接して西側に志紀県主《あがたぬし》神社が鎮座しています。

志紀県主神社は神八井耳命《かむやいみみのみこと》（神武天皇の皇子で志貴県主一族の祖神）を祭神としています。『日本書紀』綏靖《すいぜい》天皇こと神渟名川耳天皇《かむぬなかわみみのみこと》（神八井耳命の弟）二年条に「五十鈴依媛を皇后とした」とあり、その異伝として「磯城県主の娘川派媛《かはまた》という」とあります。『古事記』綏靖《すいぜい》条には「師木県主《しきあがたぬし》の祖、河俣毘売《かはまたびめ》」とあります。

石渡信一郎氏は「カハマタヒメ（川派媛）の名カハマタ（川派・川俣）は河内の石川と大和川の合流地点の呼称だから、磯城県主・師木県主は大和の磯城《しき》県主ではなく、河内の志紀県主とみられる」と指摘しています。

であれば聖武天皇の大仏建立のきっかけとなった盧舎那仏《るしゃなぶつ》の知識寺址が国府遺跡の北を流れる大和川対岸の柏原市大平寺二丁目とされ、その知識寺東塔の心礎が南東一〇〇メートルの岩《いわ》神社の境内に移されていることからワカタケル大王の寺と知識寺の関連が想定されるばかりか、事実、この一帯は古来仏教寺院が多くあったことが考古学的にも確認されています。

近鉄大阪線安堂駅の北東約五〇〇メートルの知識寺跡も欽明天皇の皇后石姫《いしひめ》を祀る石《いわ》神社も百済系渡来人による群集墳として有名なJR高井田駅の背後の山の高井田横穴群と同じように、柏原市発行の「ウォーキングマップ」にも掲載され、市民や観光客の散歩コースになっています。

JR高井田駅から大和川対岸の東南方向に見える柏原市国分松岳山《まつおかやま》墳群からは「船 王 後《ふねのおびとのおうご》の墓誌」が江戸時代に発見されています。この墓誌については、江戸時代後期の考証学者藤貞幹《とうていかん》こと藤原貞幹《さだとも》（一七三二―一七九七）が『好古小録』に「古市の 艮《うしとら》 一里に松岡山といふあり、往年邱陵の崩れしところより、銅牌一枚出でたり、即ちこの船史王後首の墓誌なり、因みに松岡山は初めて船史の塋域《えいえき》（墓地）なるを知れり」と記しています。

藤貞幹が『衝口発《しょうこうはつ》』（「おもわず口をついて出た」と意味。今風の「つぶやき＝ツイッター」）を書いて神武天皇や素戔嗚尊を新羅の王としたのに対して、本居宣長が『鉗狂人』を著して貞幹の考証を杜撰《ずさん》だと批判しています。さらに上田秋成が貞幹を擁護して論争に加わったことからも、藤貞幹の先見の明は並々でなかったことがわかります。

さて次に引用した墓誌から、王後《おうご》は王智仁（王辰爾、後述）の孫にあたり、「呼婆妥陁《おさだ》」天皇の世に生まれ、「阿須迦《あすか》天皇」の干支辛丑《かのとうし》＝六四一年一二月三日に亡くなったことがわかります。墓誌には表裏合わせて計一六二字が刻まれています。訳文を紹介する前に「船氏王後墓誌」の所在の経緯を簡単にお伝えしておきます。

現物は、現在、三井記念美術館（東京都中央区日本橋室町2―1―1）に所蔵されています。三井家総領家を含め一一家のなかの新町家一〇代当主旧男爵三井高遂《たかなる》（一八九六―一九八六）の寄贈によるものです。しかしそれ以前は西琳寺（大阪府羽曳野市）の什宝（秘蔵）であったと伝えられています。いつ、どのようにして三井高遂の所蔵となったのか興味がつきません。

ちなみに西琳寺は欽明天皇の勅願寺向原寺（奈良県高市郡明日香村の蘇我稲目が祀った向原《むくはら》の家＝豊浦寺跡）が起源とされ、百済系渡来人の王仁《わに》博士の後裔西文《かわちのふみ》の開基とされています。創建時には難波宮と飛鳥を結ぶ竹内街道に面し、境内の高さ二メートル、重さ二七トンを超える巨大の塔礎石は西琳寺の面影を残しています。しかし明治時代の廃仏毀釈のよって中世以前の堂塔は喪失、遺物は散逸したと言われています。次は「船氏王後墓誌」の訳文です。

惟《これ》船氏故王後の首《おびと》は船氏の中祖王智仁の首の児那沛故の首の子也。呼妥陁《おさだ》宮に天の下治めたまひし天皇の世に生まれ、等由羅《とゆら》宮に天の下治めたまひし天皇の朝に奉仕す。阿《あ》須迦《すか》宮に天の下治めたまひし天皇の朝に至り、天皇照見して其の才の異なり仕へて功勲有るを知り、勅して官位大仁を賜ひ、品第三と為す。阿須迦天皇の末、歳は辛丑に次る十二月三日庚寅に殯亡す。故《かれ》戊辰年一二月、松岳山上に殯葬す。婦安理故能刀自《ありこのとじ》と共に墓を同じくし、其の大兄刀羅子《とらこ》の首の墓と並びて墓を作る也。即ち万代の霊基を安く保ち、永劫の宝地を牢固にせむと為《す》る也。

ところで、文中の「呼婆妥陁《おさだ》宮に天の下治めたまひし天皇」から、「呼婆妥陁《おさだ》」は『日本書紀』の敏達天皇＝訳語田渟中倉太珠敷《おさたのぬなくらふとたましき》の「訳語田」とみてよく、したがって王後は敏達天皇（在位五七二―五八五）の治世に生まれ、「阿須迦天皇の末、歳は辛丑」すなわち阿須迦《あすか》天皇の六四一年（干支は辛丑）一二月三日に亡くなったことがわかります。

問題は「王後」が亡くなった時の天皇ですが、「船王後墓誌」では「阿須迦《あすか》天皇」となっています。六四一年＝辛丑ですから『日本書紀』の当てはまる天皇は舒明天皇（在位六二九―六四一）です。舒明（敏達天皇の孫、天智天皇の父）の和風諡号は息長足日広額《おきながたらしひろぬか》ですが、皇極とともに即位していないという有力な説（石渡説など）があるので「阿須迦天皇」は「飛鳥」と関係の深い馬子の子蝦夷と考えたほうが合理的です。

というのは「船王後墓誌」末尾の「故《かれ》戊辰年一二月、松岳山上に殯葬す。婦安理故能刀自《ありこのとじ》と共に墓を同じくし、其の大兄刀羅子《とらこ》の首の墓と並びて墓を作る也」から「戊辰」は天智天皇七年（六六八年、干支は戊辰）と考えてよく、乙巳のクーデタ（六四五年）で蘇我王朝（馬子・蝦夷・入鹿）が滅ぼされたのち、王後と妻安理故能刀自と大兄刀羅子《とらこ》は松岳山に改装されたと考えることができます。

もう一つ気になるのは引用文中の「等由羅《とゆら》宮に天の下治めたまひし天皇の朝に奉仕す」の「等由羅《とよら》宮の天皇」のことです。等由羅宮＝豊浦宮とすると、「豊浦宮」（『日本書紀』）は推古天皇（在位五九三―六二八）が即位（五九三年）したという豊浦《とゆら》宮（現明日香村豊浦）です。

しかし五九三年はすでに蘇我馬子が物部守屋との仏教戦争後、飛鳥寺の建立を開始して蘇我王朝三代（馬子・蝦夷・入鹿）（五八八—六四五）の基礎を築いたころなので、崇峻・用明・推古は即位していません。従って「等由羅《とよら》宮の天皇」は大王馬子とみるのが合理的です。

百済系渡来集団の一大居住地

「船王後の墓誌」の出土地柏原市国分《こくぶ》の松岳山古墳群は、近鉄大阪線河内国分駅をはさんで西側にある玉手山古墳群と距離にしてほぼ同じ約八〇〇メートル東の大和川を見下ろす丘陵にあります。松岳山丘陵南斜面の旧奈良街道沿に国分神社が鎮座し、祭神は飛鳥大神＝百済の混伎王とされています。

松岳山古墳群の中央に位置する松岳山古墳（美山古墳）は全長一五五メートルの前方後円墳ですが、組合式長持型石棺が出土しています。遺物は玉類・銅鏡・鉄製武器・埴輪などです。花崗岩の石棺蓋石の近くに人の背丈ほどの高さで幅一メートル板状の石が二枚立っています。その立石上部中央の二、三センチの丸い穿孔は何のためのものかわかりません。

松岳山古墳東側の東ノ大塚古墳からは歯車形碧玉製品、松岳山古墳の西側に接する長方形墳茶臼塚古墳の竪穴式石室からは三角縁神獣鏡や碧玉製品、さらに茶臼塚の西方の茶臼山古墳からは三角縁四神四獣鏡と三角縁四神二獣鏡と青蓋盤竜鏡が出土しています。松岳山古墳群から加羅系と百済系の時代が異なる遺物が出土するのは、加羅系渡来集団の後に百済系渡来集団が居住したことを物語っています。

国分神社を左手に旧奈良街道を道なりに一キロほど東に歩くと王子方面の国道二五号線（奈良街道）に合流し、国道沿い右手にジェイテクトという巨大なベアリング工場がありますが、その工場の裏山に国分東小学校が見えます。その北側に隣接して河内国府の国分寺跡があります。

そこからは大和川対岸沿いのＪＲ関西本線の電車が河内堅上駅あたりでひっきりなしに行き交うのが見えます。河内堅上駅の次が三郷《さんこう》駅そして奈良の王子駅です。堅上駅と三郷駅の中間

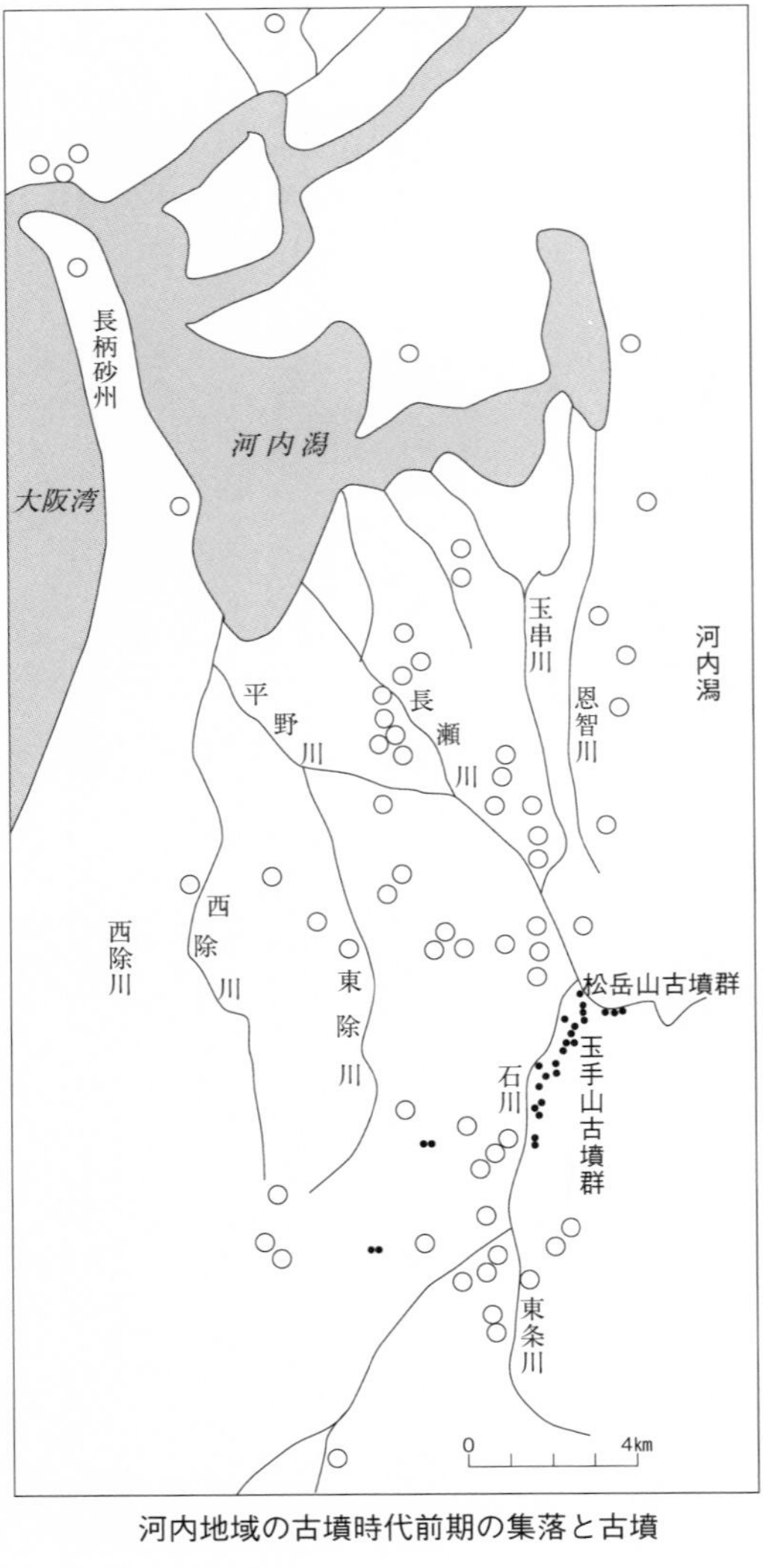

河内地域の古墳時代前期の集落と古墳

に大和川で有名な亀の瀬があります。各駅電車でなければ国分寺跡も亀の瀬も見逃してしまいます。

「船王後の墓誌」銘文との関連でわかったことは『続日本紀』延暦九年（七九〇）七月条に、菅野真道（『続日本紀』の編纂者）が「自分たちは百済人であり貴須王の五世の子孫である午定君には、味沙・辰爾（智仁）・麻呂（牛）の三子があり、それぞれ白猪《しらい》（葛井）、船、津の先祖である」という上表文を残していることです。

「船王後の墓誌」銘文中の「王智仁」と菅野真道よる上表文の「辰爾」が『日本書紀』敏達天皇元年（五七二）五月条の「王辰爾」と同一人物であることがわかっています。よく知られている記事ですが『日本書紀』から引用します。

> 天皇（敏達）は高麗の上表文をとって大臣（馬子）に手渡した。多くの史《ふひと》を招集して解読させたが、三日かかっても、誰も読めなかった。ここに船史《ふねのふひと》の先祖王辰爾という者がよく読み解いた。天皇と大臣は辰爾を共に賞賛して「見事だ。もし、お前が学問に親しんでいなかったら、誰が解読できたであろうか。これからは殿中に近侍せよ」と言った。

また、『日本書紀』欽明天皇一四年（五五三）六月条には次のように馬子の父稲目の名も登場しています。馬子が稲目の子で稲目＝欽明天皇であり馬子がのちに大王になったとするならば、馬子と稲目が登場するこの二つの記事がもつ重要な意味がよく理解できます。

蘇我大臣稲目が勅命を受けて王辰爾を遣わし、船の賦《みつぎ》を記録させた。そして王辰爾を船長とした。そのため姓《かばね》を与えられて船史《ふねのふびと》という。今の船連《ふねのむらじ》の先祖である。

腹違いの兄弟天武と天智

ところで石神社の祭神は宣化天皇（継体天皇の子）の長女石姫です。石姫は欽明天皇の正妃となり箭田珠勝《やたのたまかつ》大兄と訳語田渟中太珠敷《おさたのぬなくらのたましき》尊（敏達天皇）を生みます。そして敏達天皇は息長《おきなが》真手の娘広姫との間に押坂彦人大兄と菟道磯津貝《うじのしつかい》皇女を生みます。彦人大兄は物部守屋と蘇我馬子と仏教戦争に巻き込まれた直後、『日本書紀』からぱったり姿を消します。おそらく馬子（用明天皇＝聖徳太子）の仏教推派に殺害されたのでしょう。

敏達天皇の子彦人大兄は舒明天皇の父です。天智天皇（中大兄皇子）と天武天皇（大海皇子）は舒明天皇と皇極天皇の子ですが、舒明天皇と大王馬子の娘法提郎《ほてのいらつめ》の間に生まれた大海皇子（＝古人大兄）は天智とは腹違いの兄弟です。しかも天武こと大海皇子は天智より年齢が上です。

壬申の乱は天武が王位継承権の正統性を主張したことに起因します。したがって聖武天皇にとって天武は曽祖父（草壁皇子→文武天皇→聖武天皇）です。とすれば聖武天皇にとって大王馬子は血のつながる仏教王ということになります。仏教戦争で彦人大兄を殺害して蘇我王朝の初代王となった馬子（用明天皇＝聖徳太子）は仏教を受容（公示）した欽明の子です。

聖武の和風諡号「天璽国押開豊桜彦天皇《あめしるしくにおしはらきとよさくらひこのすめらみこと》」が、欽明の「天国排開広庭天皇《あめくにおしはらきひろにわのすめらみこと》」と酷似していることからも、聖武天皇は欽明と馬子の仏教政策を再現しようとしたことが大仏建立からも伺い知ることができます。しかもその仏教は金光明最勝王経であったことです。

古代史学界の通説は稲荷山鉄剣銘文の辛亥の年は四七一年ですが、五三一年の石渡説はワカタケル大王＝欽明天皇は雄略天皇（架空の天皇）ではありません。現在の古墳の実年代は辛亥＝四七一年を基準にしているので、たとえば仁徳陵や応神陵の築造年代は四五〇年から四七〇年前後です。四七一年説は当時寺がなかったことを根拠の一つにしていますが、辛亥年＝五三一年説に立てば聖武天皇が強い印象をうけたという廬舎那仏が五三一年ごろの「ワカタケル大王の寺、シキの宮に在る時」とつながっていることは明らかです。

河内源氏三代頼信・頼義・義家の墓

応神陵の南南東の約四キロの通法寺の広大な境内に頼信・頼義・義家の河内源氏三代の墓があります。旧境内には源頼義の墓があり、東南の鬱蒼とした竹藪に蔽われた急な坂道を上るとブドウ畑に囲まれた高台に頼信と義家の土饅頭型の墓があります。二つの墓は五〇メートルほど離れていますが、頼信の墓のあるところから西前方に北流する石川とその先に広大な河内平野を眺めることができます。

通法寺はすでに廃寺ですが、頼信・頼義・義家の墓からさらに七、八〇〇メートル北の小高い丘に壺井八幡宮が鎮座しています。建立の時期は応神陵の墳丘部前の誉田八幡宮とあまり変わらない前九年の役が終わった一〇六二年以降と考えられます。寺が先か神社が先かといえば、壺井八幡宮は通法寺の境内に建立されたケースです。

壺井八幡宮の境内に立つと、源氏三代が応神天皇を祖とする百済住民の末裔であったこと実感できるのは地の霊力がそうさせるのでしょうか。応神の渡来から約五五〇年後に八幡太郎義家がなぜ河内国羽曳野から一〇〇〇キロメートルも離れた夏は短く冬が長く雪の多い沼の柵まで遠征したのでしょうか。そしてなぜ源氏三代の墓は応神陵の近くにあったのでしょうか。

◆おわりに

源氏の祖源経基

出羽国の雄物川以北一二村のエミシの反乱（元慶の乱）から六〇年後の天慶元年（九三八）、天皇が朱雀、藤原忠平が摂政兼太政大臣の時、陽成《ようぜい》天皇の子元平親王を父にもつ経基王（源経基）は介としてはじめて武蔵国に赴任することになりました。経基には武蔵権守興世《おきよ》王が随行します。二人は赴任早々、管内を巡視（検註）しようとしました。ところが足立郡司の武蔵武芝が「権守や介の管内巡視は、守が正式に赴任してから行うのが慣例である」と言って横槍を入れました。

怒った経基と興世王は兵を率いて国内の巡視を始めました。衝突を恐れた武芝が山奥に身を隠したところ、二人は足立郡の武芝の土地や屋敷から物品を持ち去ったのです。このことを聞きつけた平将門が私兵を引き連れて武芝の郡家を訪れると、経基らは妻子ともども比企郡の狭服山に立て籠もりました。

その後間もなく、興世王だけが山を下りて武蔵国府で将門・武芝と和解します。三者が武蔵国府で和解の酒盛りをやっている最中に、武芝の者たちがやって来て勝手に経基の営舎を取り囲みました。経基は将門らに襲撃されるものと思い、急遽上洛して将門・武芝・興世王を謀反として訴えます。天慶元年（九三八）年三月のころです。

しかし将門のかつての主人太政大臣の藤原忠平（北家良房の子）は使者を東国に派遣して調査をさせます。驚いた将門ら三人は常陸《ひたち》・下総《しもうさ》・下野《しもつけ》・武蔵・上野五カ国の「謀反は事実無根」の証明書を添えて朝廷に送りました。結果、逆に経基は讒言《ざんげん》の罪で一時左衛門府に拘禁されます。事件は『将門記』にも「介経基、いまだ兵の道に錬れず」と書かれるほどでした。経基王は臣籍降下したばかりの賜姓源氏でした。

『将門記』と平将門

この事件は具体的に不明な点が多く、時間・場所、紛争の動機、理由、登場人物の発言内容において研究者間の食い違いがありますが、一致する点は将門の和解介入を誤解した経基が京に逃げかえり、将門らを反乱罪で訴えたことです。

疑問なのは介経基と権守興世王との関係です。通常、国司四等官のトップは守か権守で、介

↓掾《じょう》↓目の順です。すると権守興世王は介として赴任する経基に職務引き継ぎの説明のため同行した前任の武蔵国守でしょうか。それとも経基の顧問の立場にあったのでしょうか。いずれにしても足立郡司武芝は「正式な守が赴任していない」と言って巡視を認めようとしません。

問題は興世王の系譜です。桓武天皇の子伊予親王の四世孫という説もありますが、それ以上のことはわかりません。ただし『将門記』から次のような興味深いことを知ることができます。将門らが「謀反は事実無根」の証明書をだした年の天慶二年（九三九）に正式の国司百済王貞《くだらこにきし》連が武蔵国に赴任したことです。

『将門記』によると国司百済王貞連と興世王は姻戚関係（お互いの妻が姉妹関係）であるにもかかわらず、貞連は興世王を国庁の会議に出席させませんでした。まもなく興世王は経基王の下を去り下総の将門のもとに身を寄せます。

この年の一一月、常陸の豪族藤原玄明と常陸介藤原惟幾が対立したので、玄明に味方した将門は常陸国府を襲撃したばかりか、印璽《いんじ》を奪い、常陸介惟幾を京に追い返します。すでに将門の側近になっていた興世王は「一国を討てりと雖も公の責め軽からじ。同じく坂東を虜掠して、暫く気色を聞かむ。たとえ一国を討ったとしても、お咎めが軽くはないでしょう。同じことならいっそ坂東諸国を攻めとって、しばらく様子を見ようではありませんか」と励まします。

『将門記』によると、天慶二年一二月上野国を占領した将門は庁に侵入し、四方の門の警備を固めて、そこで諸国の除目《じもく》を発令します。ちょうどその時、一人の巫女《みこ》が現れ、「われは八幡大菩薩なるぞ」と口走り、次のように言いました。

「朕の位を蔭子平将門にお預けいたす。その位記は、左大臣正二位菅原朝臣の霊魂が捧げるところである。右の八幡大菩薩は、八万の軍を催して朕の位をお預けするであろう。今ただちに、三二相楽を奏でて、早くこれをお迎え申し上げよ」と。

お告げを受けた将門は都の天皇に対して自らを新王と称し坂東独立国を宣言します。当の興世王は独自に除目《じもく》を発令し、自らは上総《かずさ》介に任命されます。しかし将門らの謀反により、翌天慶三年（九四〇）、以前の訴えが事実になった経基は放免、将門追討が開始されます。同年、二月に平貞盛・藤原秀郷らと合戦で将門は討ち死にします。興世王も上総で藤原公雅に討たれます。

ちなみに平将門の乱というと、決まったように藤原秀郷の名が出てきます。秀郷は生没不詳の下野国（現栃木県）の土豪ですが、藤原北家魚名（藤原不比等の子房前を父にもつ）の末裔とするのが通説です。田原藤太（『今昔物語』）とも呼ばれます。天慶三年（九四〇）、将門の本拠地下総国猿島《さしま》郡を襲い乱を平定します。のち武蔵守、鎮守府将軍も兼ねます。

桓武天皇の五世孫

このような天慶の乱における興世王や将門の動向から、将門の新天皇宣言が決して荒唐無稽な事件ではないことがわかります。話を四〇年（約一世代）ほど遡らせます。そうするとなぜ将門が当時坂東に大きな影響力をもつようになったのか、その理由を知ることができるからです。事実、将門は一五、六歳のころ平安京に出て藤原北家の氏長者忠平を私君とする主従関係を結んでいます。

経基と武蔵竹芝との仲介にのりだした平将門は平姓を名乗った高望王の子孫なのです。つまり天智系天皇桓武を父にもつ葛原《くずはら》親王の子が高見王でその子が高望《たかもち》王です。その高望王は平姓を名乗るまではれっきとした皇族の身分でした。

正泰元年（八九八）の醍醐天皇の時、上総介に任じられた高望王は長男国香・次男良兼・三男良将をともない任地に赴きます。言ってみれば平高望は源経基と同じ臣籍降下の身であっても、源経基より四〇年も早く坂東の地に入ったのです。三人の息子たちはそれぞれ坂東の有力豪族の娘を妻にします。高望の三番目の良将（持）も下総国相馬郡の犬養春枝の娘を妻とし将門を生みます。

ということは、高望王は桓武天皇三世の子孫にあたり、将門は五世孫ということになります。賜平姓の高望王はいわゆる四世の国香・良兼・良将・良文・良茂の男子をもうけ、さらに五世・六世が関東一円に桓武平氏の勢力を拡大しています。

元平親王の子で賜姓源氏一世の経基王が武蔵に赴任したころは、すでに桓武平氏四世のそれぞれの所領を拠点とした紛争が激しくなっていました。長男の平国香《くにが》は常陸、次男良兼は下総、三男良将（良持）は下総佐倉を拠点にしましたが、まだ長子相続制の確立していない当時、領地獲得・支配の争いが兄弟・叔父・甥の間で頻発するのはいたしかたありません。

ちなみに天長三年（八二六）、上総・常陸・上野の三国は親王が太守（正四位下相当の勅任の官）として治める親王仁国となりましたが、当時、太守は都にいて、代理に介が長官として派遣されていました。ほんらい常陸守や上総守が任命されるべきであるのに介を任命しているのは、親皇直轄という意味あいがあったからです。

源経基が赴任する四年前の承平五年（九三五）二月、将門は野本の戦で叔父の常陸大掾《だいじょう》平国香と前大掾源護《まもる》と争い、護の子扶・隆・繁を殺害します。ちなみに源護は出自不明ですが一字名から嵯峨源氏と推測されます。護の娘は国香・良兼・良正に嫁いでいるので、将門の最初の乱は所領と姻戚関係をめぐる諍いが原因でした。

将門の乱はまさに燎原の火にように広がりました。静観していた次男良兼も国香亡き後の氏長として国香の子貞盛を誘って承平六年（九三六）将門を攻めますが、良兼は将門の奇襲を受けて下野国（栃木県）の国衙に保護を求めます。勢いにのった将門は下野国府を包囲して叔父良兼のみ逃亡させます。

この年、息子三人を殺害された源護が出した告条によって、朝廷から将門への召喚状が出ました。将門は平安京に赴いて検非違使庁の訊問を受けますが、承平七年（九三七）四月七日の朱雀天皇元服の大赦によってすべての罪が許されます。それを不満とした叔父良兼は、同年八月将門の父良将や高望王などの父祖の肖像をかかげ将門の常羽御厩（旧下館市女方）を攻めたてます。

この戦いで将門は敗走し、良兼は将門の妻子（良兼の娘と孫）を連れ帰ります。しかし弟たち（『将門記』には「舎弟と語らいて」とあり、舎弟は平良兼の長子公雅と弟公連とされている）の手助けで、一ヵ月後の九月一〇日、妻子は出奔し将門のもとに帰ります。妻子が戻ったことで力を得た将門は、朝廷に対して自らの正統性を訴える行動にでました。

一一月五日朝廷は、平良兼・源護らを常陸国の敵として将門に追捕を命じる太政官符を関東諸国に発しました。これに対して翌天慶元年（九三八）二月平貞盛（国香の子）が、罪状告発のため京に向かう途中、将門が追跡して信濃国分寺辺りで戦いとなります。貞盛はかろうじて逃れて京で将門を告発します。

将門が武蔵権守興生王・介源経基と足立郡司武芝と争いに介入したのはちょうどこの頃でした。この年の六月ごろ平貞盛（国香）は召喚状をもって帰国します。そして翌天慶二年三月、源経基は武蔵権守興生王と将門の裏切りを疑って、京に上り二人を謀反人として告訴したのです。

源経基の嫡子源満仲

清和天皇を父にもつ貞純《さだずみ》親王の子源経基は、実は陽成天皇を父もつ元平親王の子であるという源頼信の「告文《こうもん》」（永承元年＝一〇四六）を信じるとすれば、『将門記』に書かれた経基王についての「介経基、いまだ兵の道に錬れず」というイメージも変わってきます。

この「頼信告文」の重要性については後に述べることにして、清和天皇→貞純親王→源経基→源満仲→頼信→頼義→義家のいわゆる従来の清和源氏の系譜を前提にするのではなく、清和天皇→陽成天皇→元平親王→源経基→満仲→頼信→頼義→義家の系譜を頼信・頼義・義家の河内源氏を基軸に話をすすめて行きます。

と言いますのも陽成源氏と言うのもおさまりがわるく、件《くだん》の「告文」を頼信自らが本拠地とする河内国古市郡壺井郷に近い応神陵に接して鎮座する誉田八幡宮に捧げているからです。

源頼信は摂津多田（現兵庫県川西市多田）の地に源氏武士団を形成した「多田新発意《ただのしんぽじ》」とも「満仲《まんじゅう》」とも呼ばれる源満仲《みつなか》の三男です。頼信には兄に頼光・頼親の二人、弟に頼平・頼範等六人がいます。しかし頼信の父満仲が経基王の子としていつどこで生まれたか明らかではありません。

『今昔物語』に満仲の末子で延暦寺の僧となった源賢が父の殺生を悲しみ、仏法を満仲に説き出家させたという説話がありますが、この時の満仲の年齢を六十余歳と伝えています。とすると生年はおよそ九二八年以前九一九年以降となります。

満仲は上総・常陸の介、武蔵・摂津・越後・越前・下野・美濃・信濃・伊予・陸奥の守、そして鎮守府将軍を経て、長徳三年（九九七）、天皇が一条、左大臣の藤原道長が即位した翌年に八七歳で死去したと伝えられています。言ってみれば満仲は都にいて伊尹《これまさ》・兼家ら藤原摂関家に仕える軍事貴族でした。

満仲の史料上における初出は、平将門の子が入京したとの噂があり、検非違使や大藪春実らとともに捜索を命じられた武士の一人として記されている天徳四年（九六〇）です。時の天皇は村上、左大臣は実頼（忠平の子、師輔の兄）、右大臣は伊尹《これまさ》・兼家兄弟の父師輔です。満仲が三四、五歳のころです。

当時、満仲の父経基も祖父元平親王も曾祖父の元天皇（陽成）も健在でした。将門の乱当時、陽成院は狩猟・武芸をたしなみ、子の元平親王も弾正台（警察機関）の長官の立場にあったといいます。このような祖先の血筋からも満仲は軍事貴族になる環境に恵まれていました。満仲を一躍有名にしたのは安和《あんな》の変です。

安和二年（九六九）、天皇は冷泉、関白兼太政大臣が藤原実頼、左大臣が源高明（醍醐天皇の子、師輔の女婿）、右大臣が伊尹です。このころ師輔が死去（九六〇）し、続いて村上天皇が死去（九六七）したばかりか、もともと冷泉天皇が病弱でした。

したがって冷泉の弟為平を婿に迎えた高明と、その弟守平親王を東宮に立てた師輔の子伊尹・兼家兄弟が対立しました。ここで暗躍したのが満仲です。もともと満仲は姻戚関係をとおして高明とは師弟関係にありました。事件は満仲の密告により、冷泉天皇の弟為平親王を擁立する謀叛計画が暴露され、左大臣源高明が失脚・配流という結果になったのです。満仲四七歳の時です。

以後、満仲は天皇が円融、摂政伊尹・関白兼通・関白頼忠（実頼の子）政権下で、武蔵・摂津・越後・越前・伊予・陸奥国を受領し、莫大な富を蓄積します。晩年は二度目に赴任した摂津国に土着、多田盆地に入部し所領として開拓するとともに多くの郎党を養い武士団を形成します。

さらに花山天皇（冷泉天皇の第一皇子、在位一年六ヶ月）退位事件に関与し、一条天皇の摂政になった藤原兼家の爪牙《そうが》として睨みを利かせました。永延元年（九八七）天皇一条、摂政兼家の時、多田の邸宅で郎党一六人と女房三〇人とともに出家し、満慶と称します。

左大臣源雅信《まさざね》

『八幡宮の研究』の著者宮地直一博士（一八八六―一九四九）は、「清和源氏の始祖貞純親王は清和天皇の皇子で、源氏は石清水をもってその始祖の清和天皇の勧請《かんぜい》した神社として崇拝し、氏神とするようになった」という通説に対して、石清水は清和天皇とは直接の関係はなかったと指摘しています。

また、博士は「八幡神は天皇家の祖神にして、源氏は皇族より分岐したものであるから、石清水をもってその氏神とした」という説に対しても、源氏は応神天皇とははなはだ縁が薄く、この説明ではその理由が明らかにならないと指摘しています。

博士の言わんとすることは少しわかりにくいのですが、要するに源氏が八幡宮を氏神としたのは清和源氏が盛んになる以前のことで、最初は諸源（諸天皇から臣籍降下した源氏）の氏神であったのが、のち清和源氏が独り独占するようになったと指摘しています。宮地博士がここでいう「諸源」とは桓武天皇を祖とする嵯峨・仁明・文徳・清和・陽成・光孝・宇多から後醍醐・正親町天皇にいたるまでの二一流の源氏をさしています。

博士によれば石清水は宇佐からの遷座いらい天皇家の祖神として、無上の崇敬を受けていました。それが皇子・皇族等のなかにも多くの崇拝者を生んだのです。平安朝における諸源（皇子・皇孫）は源氏の代名詞にして、石清水はまさに皇子・皇孫の崇敬の対象であったのです。それら多くの実例から宮地博士は宇多天皇の皇子敦実《あつみ》親王を例にあげています。

敦実親王が領地の河内国（錦部郡）甲斐伏見庄を寄進したこと、敦実親王の子貞延が石清水八幡宮の検校（天慶九年一一月）に昇進したこと、敦実親王の子源雅信《まさざね》は父に似て石清水を崇めること特に深く、放生会には必ず潔斎《けっさい》をして神馬を奉り、又、日毎に八幡の名号を念ずること百八遍に及んだことなどです。石清水八幡宮には現在も神馬舎があり、参観コースにかかすことはできません。

宇多天皇の皇子敦実親王のことを述べる前に、親王が寄進したという荘園のことを話しておきます。河内源氏が頼信の時代に台頭することと関係があるからです。博士が言う「甲斐伏見庄」とは、現在の河内長野市の全域（旧市新野村・長野村・天野村・高向村・三日市村・加賀田村・天見村・川上村）、富田林市の一部（旧廿山村・錦郡村・彼方村）に相当します。

そして甲斐庄＝伏見庄＝布志見庄は、延久四年（一〇七二）の石清水八幡宮田中家史料に見える大菩薩宝常灯料・観音堂として寄進された荘園のことです。ちなみに「河内国（錦部郡）」を地名辞書などで調べると、「一八七八年（明治一一年）の郡区町村編制法では、志紀・安宿部・古市・石川・錦部・丹南・八上七郡合同の郡役所が古市郡古市村（現羽曳野市古市）に置かれたが、一八八三年（明治一六）、石川郡富田林村へ移転しています。

一八九六年（明治二九）四月一日、これら七郡が統合されて南河内郡に設置され、郡役所は引き続き富田林村に置かれたとあります。頼信と甲斐庄の関係については後述しますが、これら諸郡の中には河内源氏が将来一大武士団として形成されることを考えると必要かくことのできない馬の放牧場が少なからずあったと考えられます。

摂政兼太政大臣の藤原基経

ところで宇多天皇を父にもつ敦実《あつみ》親王はどのような系譜でしょうか。宇多天皇と敦実親王の関係が明らかになれば、源頼信がどうして応神天皇を祖とする「告文」を誉田八幡宮に納めたのか、頼信の孫源義家がなぜ「八幡太郎」と呼ばれるようになったのか説明できそうです。

天皇宇多（定省親王）は第五八代光孝《こうこう》天皇の子ですが、光孝には兄の文徳《もんとく》天皇（第五五代）がいます。したがって天皇の即位順では仁明→文徳→清和→陽成→光孝→宇多天皇となり、兄文徳と宇多天皇の間に清和・陽成天皇がいます。宇多は光孝天皇の第七皇子で母は桓武天皇の皇子仲野親王の娘でした。

光孝天皇の即位（元慶八年＝八八四）当時の摂政兼太政大臣は藤原基経です。基経は義房の死後、清和・陽成・孝行・宇多天皇に仕え、宇多天皇の時に日本史上初の関白となります。元慶八年二月、基経のもとで陽成天皇が廃され、その後天皇になった光孝天皇ですが、この年の六月、基経が外戚の清和天皇の弟貞保親王をはばかった光孝天皇は二六人の皇子皇女を一度に臣籍降下させて源氏にします。定省《さだみ》親王もその中の一人に入っていました。このようなことから、光孝は重態に陥りながら後継者を指名しませんでした。

藤原基経は天皇の内意は源定省（宇多天皇）にあるとしてまた皇族に復帰させ皇太子とします。立太子した八月二六日に光孝天皇は亡くなります。即位に際して宇多天皇は基経を関白に任じる詔勅をだします。基経は先例により一旦辞退します。

天皇は左大弁橘広相《ひろみ》に命じて二度目の詔勅を出しました。その詔勅に「宜しく阿衡《あこう》の任をもって卿の任とせよ」との一文に怒った基経が一切の政務を放棄してしまったのです。詔勅の意味を文章博士の藤原佐藤世が「阿衡《あこう》は位貴くも、職掌なし」（中国の故事）と基経に告げたからです。

宇多天皇も先の詔勅を取り消して、広相を罷免します。基経は執拗になおも広相の遠流を求めます。そこで讃岐守菅原道真がこれ以上は藤原氏の為にならない旨の書を基経に送り、ようやく事件は収まりました。

この事件はより基経の権力の強さを世に知らしめるようになります。後、宇多天皇は源氏や藤原保則や菅原道真ら藤原北家嫡流以外からすぐれた人材を抜擢し、遣唐使の廃止、日本三代実録・類聚国史の編纂など文化面でも多くの人材を生み出します。

しかし宇多は寛平九年（八九七）九月突然退位して皇太子敦仁（醍醐天皇）に譲位します。その譲位の際、宇多は自らの同母妹為子内親王を王妃に立て、菅原道真を権大納言に任命し、当時大納言で太政官最上席の藤原時平を次席にして、二人に内覧を命じました。この宇多の強行ともいえる人事は周囲の反発をかい、昌泰四年（九〇一）、道真は宇多天皇の子で自らの娘婿である斉世《ときよ》親王を皇位につけようとした嫌疑で大宰府に左遷されることになったのです。

藤原道長と源雅信の娘倫子《りんし》

宇多天皇の皇子・皇女や孫にいたるほとんどが源氏の姓を受け、臣籍降下しました。宇多天皇から出た源氏を宇多源氏といいます。そのなかで藤原胤子《たねこ》（内大臣藤原高藤女）の子敦実親王から出た系列がもっとも栄えます。敦実親王の子源雅信は円融天皇の天元（九七八）に左大臣となり花山天皇を経て一条天皇の正暦《しょうりゃく》四年（九九三）に死去するまで一五年間務めます。

琵琶の名手としても有名であった父の敦実の影響を受けた雅信は「音楽堪能、一代之名匠也」と言われるほどの達人で「源家根本朗詠七首」などを定め、朗詠の祖と呼ばれるようになりました。『大鏡』によれば雅信は「南無八幡大菩薩　南無金峰山金剛蔵王　南無大般若波羅蜜多心経」という念誦を毎日百回行うことを日課にしたといいます。

天元元年（九七八）一〇月二日、雅信は右大臣から左大臣に昇進、同時に左大臣兼関白の藤原頼忠（実頼の子）は太政大臣、実兄の前関白藤原兼通の弟藤原兼家（師輔の子）が右大臣になります。この人事は雅信に一上としての職務を行わせることによって藤原氏の権力を牽制しようとする円融天皇の政策とも言われます。

雅信は花山・一条・三条が皇太子時代に東宮傅《とうぐうのふ》（皇太子の教育をつかさどった官）を務めます。雅信の最大の望みは娘倫子を天皇の后にすることでした。ところが花山天皇は藤原兼家の策動によって退位します。そうしているうちに兼家の四男道長が倫子に求婚します。しかし道長には道隆・道兼という兄がいたので、出世も望み薄です。しかも道長は倫子よりも二歳年下でした。

悩んだ雅信は倫子の生母で妻の藤原穆子《りょうこ》（三十六歌仙藤原朝忠の娘、祖父右大臣藤原定方）に相談します。穆子は道長よりさらに一四歳年下の一条天皇や皇太子の三条天皇（円融天皇の子）よりも藤原道長を強力に勧めます。永延四年（九九二）天皇が一条、藤原道隆（道長の兄）が関白の時、源雅信は七〇歳で死去しますが、祖父宇多天皇や父の敦実親王ゆかりの仁和寺《にんなじ》（現京都市右京区御室大内）に葬られます。その翌々年の長徳元年（九九五）五月道長は内覧氏長者となり、七月左大臣に昇進します。

道長の正室の倫子は頼道・教通・一条天皇中宮彰子（藤原彰子）、三条天皇中宮妍子、後一条天皇中子、後朱雀天皇東宮妃嬉子の生母となり、雅信の正室倫子の生母穆子は太政大臣道長の姑として、摂政頼道および三代の天皇の后妃の祖母として八六歳の人生を全うします。

ちなみに源雅信の娘倫子と道長の間に生まれた長女藤原彰子《しょうし》（九八八―一〇七四）は、一条天皇の皇后、後一条天皇・後朱雀天皇の生母となり、すなわち上東門院藤原彰子は女房に『源氏物語』の作者紫式部、歌人和泉式部などを従え、華麗な文芸サロンを形成したことはご承知の通りです。

寛弘五年（一〇〇八）九月一一日、藤原彰子は土御門殿にて第二皇子敦成親王（後一条天皇）を出産します。皇子誕生を長く待望していた父・道長の狂喜ぶりは、『紫式部日記』に詳細に記されています。さらに彰子は敦良親王（後朱雀天皇）を生み、この二皇子が、道長一家の繁栄の基盤となります。『源氏物語』が実在の宇多天皇（↓桐壷帝）・醍醐帝（↓朱雀帝（↓冷泉帝）をモデルにしている物語で、紫式部が生きた時代の一〇〇年の話であることはよく知られていることです。

なお一条天皇と皇后藤原定子（道長の長兄道隆の娘）の間に生まれた第一皇子敦康親王《あつやすしんのう》は、母定子が難産のため死去したため、藤原彰子が養育することになりますが、彰子が第二子を生んだので敦康親王の天皇即位の道は絶たれます。敦康親王の話は別の機会に譲るとして、同じ源氏で武士団を形成した満仲の子頼信と頼義・義家の河内源氏三代の話に戻ります。

河内国壺井郷の源頼信と荘園

河内源氏が事実上の祖源頼信が藤原道長の時代に台頭したことほぼまちがいありませんが、当初から河内国古市郡の壺井郷一帯を本拠としていたのかはよくわかっていません。このことが明らかになれば河内源氏の実態がより鮮明になるはずです。

壺井里周辺図

この地が金剛山地・和泉山地に源を発する石川右岸の丘陵地にあり、対する左岸は羽曳野丘陵と広大な河内平野が広がり、北西方向に応神陵を中心とする古市古墳群、背後は王陵の谷と呼ばれる敏達・用明天皇、聖徳太子陵のある王陵の谷に接している風光明媚な地でかつ要害の地でもあるからです。

宮地博士は、源氏の系図ついてはその始祖皇子より経基・満仲の代に至るまでは、八幡宮に関しては何等の伝説もないとしながら、頼信の代になってはじめて、八幡神と源氏の関係が永承元年（一〇四六）の頼信が誉田陵に納めた「告文」によって明らかになったとしています。博士はこの告文を源氏と八幡の関係を理解するもっとも重要な研究史料であるとしています。

源頼信が頭角を現したのは平忠常の乱以降と言われています。それまで頼信は父満仲の下で二人の兄の頼光・頼親について道兼・道長ら藤原摂関家の家人として働いていました。いってみれば都に居住する軍事貴族でした。そのことでは頼信の出世は息子で次男の頼清より遅れるほどでした。

平忠常の乱とは将門の叔父平良文（国香を長子とする四男）の孫忠常が、長元元年（一〇二八）六月に安房守平惟忠を焼き殺す事件に端を発しています。平忠常の乱が起きた当時の後一条天皇治世下の関白兼左大臣は藤原頼道（道長の長子）、右大臣は藤原実資《さねすけ》、内大臣藤原教通《のりみち》です。参議藤原斉敏の四男の実資は、後に祖父の実頼（藤原忠平の長男）の養子となり、家領の多くを相続し、小野宮流（平安時代に始まった有職故実の流派）継承します。

ちなみに「賢人右府」と呼ばれた実資の残した日記『小右記』は藤原道長・頼通の全盛時代を知る重要な史料として知られています。その内容は道長の政治および人物に批判的です。藤原道長が詠んだ歌、「この世をば　我が世とぞ思ふ　望月の　欠けたることの　なしと思へば」

が世に知れたのは『小右記』に記されていたからです。

話を平忠常の乱に戻します。頼信はかつて平忠常と主従関係ありました。このことは『今昔物語』巻二五の「源頼信朝臣、平忠常を責めること」に書かれています。頼信が常陸介になった長和元年（一〇一二）以前ですから頼信が三四歳になるころです。『今昔物語』によると、常陸国内の所領に応じない下総国の豪族平忠常追討で、頼信が霞ヶ浦・利根川の浅瀬を利用した予想もしなかった渡河作戦で忠常の館を落としたことに、忠常が驚いて頼信に名簿を渡します。

長元元年（一〇二八）の平忠常追討使の候補は右大臣藤原実資以下公卿らによって次の四人に絞られます。前伊勢守源頼信、検非違使平直方《のうかた》、同中原成通《なるみち》、平正輔（桓武平氏貞盛流、貞盛の孫）です。最終的に検非違使平直方、同中原成通《なるみち》に決定しました。この人選は対道長・頼通批判派の右大臣藤原実資の家人であった頼信が回避されたこと、いっぽう平直方（桓武平氏貞盛流、平国香四世孫）の平忠常追討に対する強い執念によるものとされています。

しかし平忠常は徹底抗戦にでました。もともと忠常は関白頼通の同母の弟で当時内大臣の教通を私君としていたことからも、京の内部事情に詳しかったのではないかと考えられています。くわえて同じ追討使の候補になった平正輔は伊勢の所領めぐる一族（伊勢平氏）内紛のため平忠常追討に参戦することができませんでした。この平忠常追討は難航をきわめ、内乱は勃発してから三年目に入りました。さすが関白頼通も平直方の更迭を決定し、頼信を追討使としたのです。

当時、頼信は甲斐守に就いていました。長元四年（一〇三一）四月、平忠常が甲斐国を訪ねることによって内乱はあっけなく終結しました。平直方に代わって主君頼信が追討使になったことで忠常は降伏します。しかし忠常は頼信に従って京に向かう途中病死します。後、平忠常の子常昌の子孫が上総介・千葉介となって房総半島の支配者となります。

戦わず平忠常の乱を平定してその名がいっそう知れ渡った頼信は、長元五年（一〇三二）二月美濃守に就任しますが、その任を終えたのは四年後の長元九年（一〇三六）と推定されます。美濃守としての事績がはっきりしないからです。

『源義家』の著者安田元久は、寛仁四年（一〇二〇）に河内守に任じられて古市郷香呂峰に居館を構えた頼信は翌年の治安元年（一〇二一年）にこの地で長子頼義を儲けたとしています。すると頼信は平忠常の乱（一〇二八年）以前に古市郷に居住していたことになります。

頼信の所領が河内国石川郡壺井（現羽曳野市）であることは研究者間の共通の認識ですが、頼信が河内の所領を形成した時期については異論があります。例えば江戸時代編纂の『通法寺縁起』は寛仁四年（一〇二〇）です。先の安田元久の所伝はこの『通法寺縁起』によることがわかります。いっぽう頼信が誉田八幡宮に納めた「告文」によると頼信は永承元年（一〇四六）当時河内国守であったとしています。

するると美濃守を終えた長元九年（一〇三六）以降、河内守であったか、あるいは長元九年以前から美濃守を兼ねて河内国壷井に居住していた可能性もあります。河内国守就任を機に所領を形成したという説に対して、『河内源氏』の著者元木泰雄は「所領はすでに存在していたと考えられる」と指摘しています。いずれにしても史料の上では頼信は二度河内国守に就任していることになります。

元木氏は、美濃・伊予などの大国を受領したのち摂津の受領に就任した頼信の兄頼光の例をあげて、頼信が晩年に河内国に就任したとすれば、兄頼光と同様にすでに所領を有する河内の受領に特別に任じられたのではないかと推測しています。頼信は河内の所領を強化することによって在京活動の基盤を拡充することができるからです。

元木泰雄氏によると、頼信は腹心の藤原則経を、道長の室で頼通の母倫子「(源雅信の娘)の所領坂門牧《さかとのまき》の荘官藤原金則《きんのり》に養子として送り込んでいます。坂門牧は河内国古市郡(現大阪府羽曳野市)の牧で坂戸牧とも書きます。藤原金則は藤原道長の家司を務め河内守など歴任して、道長の外孫敦成親王(後の後一条天皇)と敦良親王(後の後朱雀天皇)にそれぞれ馬を献上していますから、坂門牧は馬を飼育する牧場であったことがわかります。

頼信の妻修理命婦

頼信の長男頼義(義家の父)が相模守を受領するのは長元九年(一〇三六)の頼信が美濃守を終えた年です。相模守就任後間もなく、平忠常の乱を戦わず平定した源頼信に全幅の信頼をおいた平直方の勧めによって頼信の長子頼義は直方の娘と結婚します。

したがって頼義は関白頼通の家人であった貞盛流平氏の名声ばかりでなく、鎌倉の屋敷、東国の家人を譲渡されることになったのです。頼信は永承三年(一〇四八)に死去します。享年は八一歳とされていますが、生年は明らかではありません。

件《くだん》の頼信告文が永承元年（一〇四六）ですから、頼信が亡くなる二年前に誉田八幡宮に納められたことになります。頼信は下級女官であった修理命婦《しゅうりのみょうぶ》を妻として頼義・頼清・頼季の三子をもうけたとされています。修理命婦の家系はわかりません。ただ保元の乱のきっかけのなった関白藤原忠実の談話を集めた『中外抄』によると頼義の母（頼信の妻）はのち自分の侍女を愛する男と不倫関係を結び別子を生んだといいます。

このため長子頼義は母を嫌悪し、前九年の合戦で死んだ馬の法要は行っても、母の忌日にさえ法会を行わなかったといいます。『中外抄』で「関白忠実がそれ以後、源氏の代々の当主は家柄のよい女性を母とした」と語っていることから、元木氏は頼義の母は身分の低かったことになり、こうした婚姻が行われたのは満仲の三男でまだ二〇歳そこそこに過ぎない頼信の政治的地位の低さとも関係しているだろうと考察しています。

頼信の妻修理命婦の出自については、この章の終りで述べることにして、ここでは『羽曳野市』（巻1、羽曳野市編纂委員会編）の「第二節　河内源氏とその時代」（中世編）をもとに、頼信と荘園の関係について補足しようと思います。少々重なる箇所が生じますがご容赦いただきたいと思います。

宇多天皇の皇子敦実《あつみ》親王が領地の河内国（錦部郡）甲斐伏見庄を石清水八幡宮に寄進したことは先に述べましたが、壺井の里を本拠とした頼信が近くの河内郡大県郡（現柏原市平野付近）の摂関家坂戸牧（坂戸源氏の本貫地）と緊密な関係があったことがあらためて確認することができます。ここで言う坂戸牧は、道長の妻で藤原頼通の母倫子（源雅信の娘）の所有する荘園の坂門牧《さかとのまき》であることとです。

『羽曳野市』によれば文徳天皇の子源能有《よしあり》（清和天皇の兄）の文徳源氏の一流である河内守源章経《あきつね》のとき、この坂戸牧の荘園に本拠を構えたとしています。『羽曳野市』によれば、章経は利仁流藤原氏の藤原金則を養子にして、その系統が坂戸牧の本貫として坂戸源氏と称しますが、頼信は自分の郎従藤原則経（改名則継）を公則の養子にします。

そしてその則経も坂戸牧を本領とし、その子則明《のりあき》は坂戸牧で生まれて「坂戸判官《さかどほうがん》」と称します。この藤原則明は前九年の役（一〇六二年）で源頼義の譜代の郎党として活躍しています。なぜなら『陸奥話記』は、藤原則明を清原貞廣、藤原範季、藤原景通らと共に従軍し、安倍貞任らを攻めた七騎武者の一人として記録しているからです。

また七騎武者のなかでも随一と呼ばれ勲功一等をうけた藤原景通は加賀介、修理少輔とも称され美濃を本貫とする武士で、藤原利仁の後裔とされ河内を本貫とした藤原則明と同族とされています。おそらく景通の一族は頼義の父頼信の美濃守時代に主従関係を結んだものと考えられます。

さて平忠常の乱平定の後、頼信は美濃守になりましたが、その後の動静は不明です。ところが最晩年に河内守として姿を現し、誉田陵に告文を奉っています。『羽曳野市』によると、当時、石清水八幡宮は誉田陵を八幡大菩薩（応神天皇）の遺骨を納めた「御舎利之所」とみなす信仰を宣揚して三昧堂を建立します。そして河内守清原頼隆（九七九―一〇五三、陰陽師）によって、三昧田一五町が免田として認められるなど、国司の帰依と保護の対象となります。

ところで頼信の前任者である河内守清原頼隆についてはは史料的にわかっていることを補足しておきます。というのは清原頼隆が出自とする「清原氏」は天武天皇を父とする舎人親王にはじまる皇別氏族に属していることです。頼隆は平安時代中期の儒学者にして官人で右大史（太政官、右弁官局に属し、正六位上相当の官）の清原近澄の子ですが、叔父の大外記明経博士清原広澄の後嗣となり、晩年は明経博士と大外記となっています。

「大外記」とは太政官の職員のことで外記のうちの上位の者をいいます。定員は二名で正七位上相当です。少外記とともに弁官局と並ぶ太政官の事務局である外記局（少納言局とも）を構成します。『枕草子』の著者清少納言は当時著名な歌人として知られた清原元輔の晩年の娘ですが、「清少納言」は女房名で「清」は清原氏、「少納言」は親族の役職名に由来しているとされています。

清少納言は九八一年ごろ陸奥守橘則光《のりみつ》と結婚し、のち離婚して摂津守藤原棟世と再婚していますが、先夫則光との男子則長を生んでいます。橘則長はのち文官系官歴を重ね、修理亮、式部丞を歴任して越中守として赴任しますが任地で死去したと伝えられています。

前九年の役の清原武則と源頼義の布陣

驚くことは河内守源頼信の前任者である清原頼隆と清少納言と前九年の役で大きな働きをした出羽俘囚長清原武則とは曾祖父の清原深養父《きよはらふかやぶ》を通して血縁関係にあると伝えられていること

です。しかしこれらの系図は確かなものとは言えません。種々の説があるからです。

ただ確かな史料（『陸奥話記』）から言えることは、源頼義の清原光頼・武則兄弟への再三再四の懇請の結果、一〇六二年八月九日一万余の兵を引き連れた清原武則と三〇〇〇人の兵を従えた源頼義は、栗原の郡営岡《こおりたむろがおか》で合流し八幡三神に戦勝祈願をします。清原武則と源頼義が合流した地は現在の宮城県栗原郡栗駒町の八幡営岡《やはたたむろがおか》です。安倍貞任追討の諸陣の構成は次のように決められました。しかし、武則の兄光頼は何故か参戦していません。

清原武貞（武則の長子）が一陣、橘貞頼が二陣、吉彦秀武《きみこのひでたけ》が三陣、橘頼貞が四陣、頼義を五陣としますが、五陣は、一陣が将軍、二陣は武則、三陣が国内官人です。六陣は吉美侯武忠《きみこのたけただ》、七陣は清原武道です。全部で九陣ですが、七陣は清原武則の軍兵で占められています。

源頼義が出羽俘囚長清原武則に貞任追討の懇請が可能になったのは、頼信の子頼義にとって清原武則は河内守の前任者清原頼隆を通じて知らぬ存在ではなかったと考えることができます。

また前九年の役の安倍貞任追討に出陣した諸陣のなかの二陣に橘貞頼、四陣に橘頼貞がいますが、貞頼の字が志万太郎で、出羽国の北部で志万（島）とは男鹿半島のことを指すので、橘氏は男鹿半島に拠点を置く「清原真人《まひと》（別称夏野、七八二―八」との血筋をひく氏族と考えられます。天武天皇の治世に「清原真人」を賜った六世の王が多く誕生しているからです。

元慶の乱（八七八年）のとき小野春風に従い出羽守権掾《ごんのじょう》として下向した舎人親王の後裔清原真人令望《これもち》も清原武則の先祖と考えられないこともありません。清原真人令望は乱の平定後、秋田城司となり城介の代行を務めています。元慶の乱で雄勝・平鹿・山本の俘囚は、添河・覇別・助川村とともに律令国家側についています。

秋田城司となった清原真人令望は仙（山）北三郡の俘囚を統率する俘囚首の豪族と血縁関係をふくめた密接な関係を持つようになったと推測できます。元慶の乱が終わった翌年の正月出羽国俘囚外六位下深江井三門《みかど》に五位下を叙位されていますが、『陸奥話記』に安倍氏の居城の小松柵（安倍宗任の叔父僧良昭の柵）の岸壁を上って乱入する二〇人のなかに深江是則という兵士いますが、おそらく元慶の乱の深江三門は清原武則の一陣に所属する深江是則の末裔と考えられます。

ちなみに『陸奥話記』によると、厨川柵《くりやがわのさく》（現盛岡市）の柵で安倍貞任が討たれたのち、宗任の叔父僧良昭は陸奥国から出羽国に逃れたが、国守源齊頼に捕縛されています。また貞任の弟正任は、出羽国の清原光頼（武則の兄）の嫡子で字を大鳥山太郎頼遠という者のところに隠れていたが、後に宗任の投降した話を聞いて自ら出てきて逮捕されています。この大鳥井柵遺跡（県立横手高校に南接）は発掘調査資料も刊行され今注目をあびています。

応神天皇は源氏の祖先

清原頼隆に次いで河内守に就任した頼信は永承元年（一〇四六）一二月に誉田陵の四至《しし》内（所領・土地の東西南北の境界）での狩猟や樹木伐採を禁止する宣旨を出します。件《くだん》の告文です。この告文で頼信はまず河内守に就任できたことを感謝します。そして先祖以来の勲功を強調しながら、河内国が富み、民が豊になって、国務がつつがなく遂行できることを、自らの百年の寿および一家の栄耀富貴を八幡大菩薩に祈願します。告文はそれだけに止まらず、次のような頼信独自の考えが述べられています。

「第一は、大菩薩の聖体（応神天皇）は、忝《かたじけなく》も某《それがし》の二二世の氏祖であり、祭神である応神天皇は源氏の祖先である。そして第二は、応神天皇とその母の神功の武功と護国霊験威力神通大自在天菩薩とも称される八幡大菩薩の護国と霊験とをたたえて武神として敬う」というものです。そして「所謂、曾祖陽成天皇は権現（応神天皇）の一八代の孫也」として従来の通説（『尊卑分脈』以下の諸系図など）の清和源氏説を完全に否定する陽成天皇説を主張したのです。

すでに述べましたが、明治三二年（一八九九）、歴史学者の星野亘が「六孫王ハ清和源氏ニ非ザル考」を発表して以来多くの論争がなされましたが、いまだ通説とはなっていません。決定的な証拠がみつからないという理由からです。

しかし八幡神の研究においてなみならぬ業績をあげた宮地直一博士は、この告文の持つ重大性を認識した上で諸源氏のなかでとくに宇多天皇の皇子敦実親王とその子源雅信らの存在に注目しました。博士のこの発見は極めて大きいと言わなければなりません。

というのは源氏諸流のなかでも敦実親王とその子源雅信は八幡神に特別なる崇拝もっているばかりか、その教養・文化程度の高さにおいて雅信の娘倫子は藤原道長の中宮（妻）になり、後一条天皇・後朱雀天皇の母となる上東門院藤原彰子を生みます。

上東門院藤原彰子が女房に『源氏物語』の作者紫式部、歌人和泉式部などを従え、まれに見る文化的な世界を形成したことは周知の事実です。しかしもっと驚くのは上東門院彰子の母倫子が所有する荘園坂戸牧と頼信の本拠地壷井の里が、応神陵（誉田陵）を基軸とする円の線上にあることとです。

河内源氏三代と馬と放牧地

頼信の妻下級女官であった修理命婦《しゅうりのみょうぶ》は、荘園坂戸牧の馬飼部を出自とする娘かもしれません。でなければこの周縁に多く居住した土師氏《はじし》（埴輪などの土器を作ることをつかさどる人）かもしれません。この地は古来百済系渡来集団が多く居住した地域ですから百済人の末裔と考えられます。またはその他の多くある部民の一つかもしれません。

いずれにしても修理命婦は平安中期以降の中級の女官か中臈《ちゅうろう》のいわゆる「女房」でより身分が低い職種の宮廷で働いていた女性であることは確かです。とすれば頼信と近いところに住んでいたか、類似する職種の部の出身の者とすると馬飼部ではないかと私は想像します。

ちなみに馬飼部の身分が高くなかった例が『日本書紀』履中紀五年（四〇四）九月条に次のように書かれています。「天皇が淡路島で狩りをした。この日、河内の飼部《かいべ》らがお伴して馬の轡《くつわ》をとった。ところが飼部の目の入墨《いれずみ》がまだ完治していなかった。その時、島の伊奘諾《いざなき》神が神託を下し、血の臭気が耐えられないと言った。そこで占ったところ飼部の入墨の臭気を嫌うと出た」とあります。

この話の一〇〇年後の継体天皇即位に大きな働きをした河内馬飼首荒籠は、生駒西麓から淀川沿いにかけて馬の放牧地を支配下においた馬飼部の族長と考えられます。既述の宝永元年

（一七〇四）の大和川付け替え工事以前の大和川は大阪城付近の京橋あたりまで網の目ように流れていたので、氾濫の多い土地ではあっても同時に放牧地に適していたのでしょう。

『馬・府船・常民』で網野善彦と森浩一が対談をしていますが、河内坂戸牧や淀川の両岸が天皇家の厩の牧であったことや継体天皇が河内馬飼をブレーンとして使っていたことを話しています。継体天皇が宮とした樟葉牧は中世摂関家の最大の牧だと網野善彦は指摘しています。

修理命婦が馬飼部出身の可能性から話が脱線しましたが、桓武天皇の母高野新笠が武寧王の子純太太子の後裔でありながら土師の末裔であるために身分が低いと言うような類の話です。修理命婦が馬飼部の出身である確証はありませんが、河内源氏三代と馬と河内国の関連で推理したまでのことです。

いずれにせよ河内源氏の祖源頼信の告文には大きなトラウマが隠されています。藤原道長を中心とする平安の「文」に対する「武」の葛藤です。それは宮廷内における妻修理命婦の立場であり、陽成天皇の子経基王を祖とする源氏二世の軍事貴族満仲を父にもっている誇りとその落差です。同じ親兄弟であっても一世代三〇年異なれば周辺の世界が一変する場合が多々あります。

平忠常《たいらのただつね》の乱平定（上総国、下総国、安房国で一〇二八年に起きた反乱）の後、頼信は長子頼義に桓武平氏貞盛流にして平国香四世孫の平直方の娘を迎えることによって、頼信のもっているトラウマが大きく癒されます。

平氏は源氏より早く臣籍降下して坂東に土着化しますが、頼信は軍事貴族としての矛盾を抱えています。しかし平氏も源氏も天智系桓武天皇を祖とすることでは同じです。さらに天智も天武も応神天皇を祖とすることでは同じなのです。

であるとすれば、応神天皇が百済から渡来した王子であったとしたらどうなるでしょうか。決定的な証拠の欠如のため頼信の告文を信じることができず、かつそのなかに秘められていたとても重大なメッセージに気がつかなかったのは、確かに決定的な証拠を欠如していたからです。

開拓に従事した百済系渡来集団

源頼信の告文の真の意味を理解するには、新旧二つの朝鮮人渡来集団によって建国されたことを明らかにした『応神陵の被葬者はだれか』（石渡信一郎著）が出版される一九九〇年（平成二）まで待たなければなりませんでした。この本の内容は一口に言って、百済蓋鹵《こうろ》王（在位四五五—四七五）の弟昆支が倭王済に婿入りしてのち応神陵に葬られたということです。倭王済は倭の五王「讃・珍・済・興・武」の「済」のことで、百済王子昆支は「武」のことで、すなわち「応神」とも「倭武《やまとたける》」とも呼ばれます。

昆支が婿入りした倭王済の本拠地は、石川と大和川が合流するあたりの現在の羽曳野市、柏原市にありました。そして倭の五王「讃・珍・済・興・武」の「興」までは、加羅から渡来した崇神を始祖王とする「新旧二つの朝鮮渡来集団」の「旧」に属する王たちです。そして「新」の朝鮮集団は昆支＝応神＝倭武を始祖王とする百済人の集団をいいます。

倭国に渡来した数十万の百済人はかつて広大な河内湖と湿原を開拓し大阪平野の原型をつくります。その象徴的存在が応神陵を中心とする古市古墳群と大山古墳（伝仁徳陵）を中心とする百舌鳥《もず》古墳です。

頼信の妻修理命婦の祖先はおそらく百済から渡来した開拓民の一人でしょう。頼信はこれまで述べた通りの百済王族の血を引いていますが、百済開拓民との混血が何世代もわたって行われてきたのでしょう。そして昆支＝倭王武が河内湖を開拓した当時の王でかつ始祖王であることは百済系渡来集団の間で語りつがれてきたにちがいありません。

晩年の頼信は崇拝する誉田陵に虚構の告文は納めるようなことはなかったと考えられます。頼信を父にもつ頼義の嫡子として生れた八幡太郎義家は、上野介平直方の娘を母としています。源氏も平氏も応神を始祖王としていることでは同じです。

頼信の「告文」には百済系渡来集団の末裔である意識と応神天皇の血をひく自ら子孫の確たる自信と並々ならぬ誇りが漲《みな》っています。義家の墓が父頼義より祖父頼信の墓に近い、応神陵と石川が一望できる丘陵の高台にあるのも如実にそのことを物語っているように思えます。

義家が誕生した長暦《ちょうりゃく》年間（一〇三八—三九）は平忠常の乱で武功をあげてから約一〇年後です。義家の祖父頼信は永承三年（一〇四八）四月世を去っていますが、義家が一〇歳のころです。一〇歳の源氏の嫡子義家が父頼義、祖父頼信の薫陶を受けないはずがありません。

義家生誕に「父頼義が八幡宮に参詣したとき、霊夢の告げによって一振の宝剣を得たが、その霊夢のあった月に妻が懐胎し、やがて生れた子が男子の義家であった」という話が『尊卑分脈』の註に載っています。英雄譚の類とはいえ、こと八幡神の名を冠した武人だからこその説話でしょう。

頼義の長子として生れた義家は，幼名を不動丸、あるいは源太丸といいましたが、七歳の春、石清水八幡宮の宝前で元服をした時に八幡と号したとされています。前九年の役の戦いを記録した『陸奥話記』によると、鳥海《とりみ》の激戦で義家の騎射が神のようであったので夷族が八幡太郎と呼んだといいます。

ちなみに『日本書紀』応神天皇即位前紀に「応神天皇は皇太后の胎内にある時から三韓を授けられた。すでに生れた時に腕の上に肉が盛り上がっていて、その形はあたかも鞆（とも）のようであった」と書かれていますが、鞆は弓を射る際に左のひじにはめる革の武具です。武家として源氏が八幡神を崇めたのも、八幡神が始祖神として武神としての性格を本来もっていたことを示しています。

頼義・義家以降のことについては、『陸奥話記』『後三年の役』でもよく知られていますので、ひとまずこのあたりで終わりにしたいと思います。頼義・義家については拙著『馬子の墓』『義経紀行』『武蔵坊弁慶』でもかなり詳細に書いていますので、興味のある方はご覧いただければ幸いです。また、源頼義・義家親子の東北遠征の物語は、先述しましたようにわが郷里の横手市の大鳥井山遺跡（清原光頼、武則の兄の城柵）の全貌も明らかになりつつありますので、新たな構想のもとに別の機会に発表したいと思います。

追記・二つの大きな説

本書は次に述べるような国家成立の関する二つの大きな説に基づいています。一つは「古代国家は新旧二つの加羅系と百済系の朝鮮人渡来集団によって成立した」という在野の古代史研究者石渡信一郎氏の説です。もう一つは「国家の形成と宗教の発生は、人間の幼児期（四歳ころまで）に受ける心的外傷（＝トラウマ）とその人間の思春期（一四歳から一五歳）に発生する神経症に類似する」というジークムント・フロイト最晩年の著作『モーセと一神教』による説です。

石渡説については、私が三一書房の編集者時代に担当した『応神陵の被葬者はだれか』（一九九〇年）から『百済から渡来した応神天皇』（『応神陵の被葬者はだれか』の増補・新版、二〇〇一年）までの一連の著作（一二冊）によってほぼ明らかしていますので、すでに目を通している方は少なくないと思います。

フロイトの説は現在市販の『モーセと一神教』（ちくま学芸文庫、二〇〇三年）で神経症の発生とユダヤ教＝唯一神誕生のメカニズムを知ることができます。しかしフロイトの『モーセと一神教』はあまり知られていません。なぜならこの本の内容は歴史でもなく精神分析をあつかったものでもないために、それぞれの専門分野の研究者の埒外におかれたからです。

いわゆる「フロイトを語る人はモーセに言及せず、モーセを語る人はフロイトを一顧だにしない」という状態が長く続いたからです。歴史学者も心理学者も宗教学者も哲学者もこれまでモーセとフロイトを同時に語ることは少なかったからです。

しかしよく考えてみれば、「モーセがエジプト人であった」というフロイトの説と「応神天皇は百済人であったという石渡信一郎の説は、人種・国家・言語・宗教の生成と成立の違いこそあれ、その根底にある「問い」は極めて似ています。それは「ユダヤの神＝唯一神」と「人にして神、神にして人の天皇」は起源と出自に共通する謎と秘密があるからです。

たとえば、「ユダヤ人とは何か」とか「日本人とは何か」をタイトルにした本はよくベストセラーになります。最近では内田樹《たつる》氏の『日本辺境論』（新潮新書）がベストセラーになりました。氏はフランスのユダヤ人哲学者にしてタルムード学者エマニュエル・レヴィナスを師としていますが、現在の日本のトップクラスの知識人としてその名が知られています。

また、一九七〇年代の初めイザヤ・ペンダサンこと山本七平著の『日本人とユダヤ人』（山本書店）は著者の正体もふくめ話題になりました。故山本七平氏は自ら小出版を経営しながら、聖職者（牧師）以上の新約・旧約に精通する知識人でした。

しかし、内田氏も山本七平氏も天皇の起源と系譜、すなわち「日本古代は二つの渡来集団によって成立した」ことについては何も語っていません。この現象は現在日本の知識人のほとんどに共通していていると言って過言ではないでしょう。

話が横道にそれましたが、私の個人史をふくめて少し具体的にお話しします。私は八幡神の重大性に気がついたのは、『応神陵の被葬者だれか』の編集中の一九八八年の春ごろです。それは預かった石渡氏の原稿のなかに「昆支の神格化・八幡神」という一〇字にもみたないフレーズでした。

その後まもなく私は、「昆支なる人物は百済蓋鹵王（在位四五五—四七五）の弟で、四六一年に倭国王済に婿入りしたのち、倭の五王「讃・珍・済・興・武」の倭王武（倭武＝ヤマトタケル）として大阪羽曳野の巨大古墳誉田陵（伝応神陵）に埋葬されたことを知りました。

同じ頃、私は「フロイト全集」の第一一巻『文学・思想編Ⅱ』の森川俊夫訳の「人間モーセと一神教」を読んでその内容に強い衝撃を受けていました。というのは私自身中学三年生の一二月に神経症にかかり、二年間の浪人生活を経て早稲田大学露文科に入学する三ヵ月前の一九六二年の一月に神経症から解放されたという体験をしたからです。

石渡信一郎氏と出会った頃の私は自ら体験した「神経症」をより論理的に解明したいという気持ちと相まって、知識を広げるために読んでいたモーセ五書（旧約）の唯一神と日本の神々（とくに幼少期時代に過ごした村に鎮座する八幡神社の祭神応神天皇）の対比と解釈にすこぶる興味をもつようになっていました。

しかし、石渡説の検証もいよいよ佳境に入った一九九八年七月下旬、夏休みの休暇を利用した出雲の調査旅行から帰った私を待っていたのは、とつぜん退職することになったある年長社員の退職金における労使の交渉でした。私は紛争が起きる前に組合員から非組合員（会社役員）となり、その時点で退職金をもらいました。

しかし、私は取締役編集部長＝プレイイング・マネージャーとして以前より多くの仕事を消化しなければなりませんでした。ちなみに三一書房の組合はクローズド・ショップ制という組合員でなければ会社は雇用できず。組合から除名されると解雇されるという、戦後マッカーサー指令によってできた労働組合法に基づく労働協約によって成り立つ数少ない会社でした。

退職金の一括払いか分割払いかの交渉に端を発した労使双方の言い分が、いつ果てるともしれない紛争に発展するとはよもや考えもしませんでした。結局、株主を巻き込んだ約七年半に及ぶ労使紛争が和解したのは二〇〇六年三月です。その間、私は編集者として一冊の本も出すことができずに過ごすことになったのです。

しかし、この合間をぬって自著の『馬子の墓』を彩流社から出版したのが二〇〇一年三月です。この本は石渡説の紹介を柱にフロイト説を背景にして故郷の思い出と歴史を追想する約六〇〇頁の破天荒な内容でした。

彩流社の竹内淳夫さんに出会ったのは、『馬子の墓』を出す四年前の一九九七年です。彩流社の出版物のなかに『部落の源流』という古代東北人（蝦夷）俘囚説をテーマとする本を三一書房から増補新版として出すべく訪れたときです。実は、私は一九九四年の二月と一一月に三一書房から石渡信一郎著の『古代蝦夷と天皇家』と『日本古代国家の部落の起源』の編集にたずさわっていたので、その過程で高本力著の『部落の源流』を知ったのです。

当時三一書房では年に一四、五点前後の新書を出していました。私は新書の書下ろしの件で岡山在中の高本力氏を二度ほど訪れ、ＯＫをもらったもののうまくいかず、ついには高本氏の希望を入れて『増補新版　部落の源流』として三一書房から出すことになったのです。

また彩流社には『部落の源流』と同じ竹内さん担当の清輔道生著の『卑弥呼と宇佐国』と『八幡大神の神託』（一九九五年）がありました。私は竹内さんの紹介を得て清輔氏を訪れ、「八幡神の秘密」というテーマで執筆してもらうことにしました。その後原稿の打ち合わせのため

四、五回ほど清輔氏の自宅を訪問し親交を深めましたが、しかし労使紛争のため編集作業は中断せざるをえませんでした。

しかしこの度の『八幡神の正体』の二章の四節の「八幡神託の真相」は清輔道生氏の研究成果を受けてこそ、道鏡事件の真相を解き明かすことができたのです。

加羅系と百済系渡来集団のトラウマ

さて、石渡説の旧の加羅系渡来集団と新の百済系渡来集団のトラウマとは何か、その説明をしておかなければなりません。旧の加羅系渡来集団はまず北部九州に渡来して卑弥呼を女王とする邪馬台国を滅ぼします。その後瀬戸内海を東進して吉備地方に根拠地を作り、さらに難波・河内を征服して大和に入り、大和盆地の東南部に王都を築きました。

ミマキイリヒコこと崇神が加羅系渡来集団の初代王になったのは三四三年で、イクメイルヒコこと垂仁（在位三四九―四〇九）は崇神を継いで即位します。崇神は箸墓古墳に葬られますが、その後、巨大古墳が三輪山西山麓を基点に続々と築造され、すでに加羅系渡来集団は関東（群馬）・東北地方（福島・仙台から岩手県の一部）まで進出していました。

邪馬台国の卑弥呼がもらった銅鏡一〇〇枚は三角縁神獣鏡と言われていますが、全国の前期前方後円墳から合計五〇〇枚以上出土しています。したがって三角縁神獣鏡は垂仁の時代に作られたもので、卑弥呼がもらった鏡ではありません。

三角縁神獣鏡は卑弥呼がもらった鏡に似せて作られたのです。国の内外に邪馬台国を継承したかのように見せかけるためです。邪馬台国を滅ぼしたことが分かれば「領土侵犯の罪」で宗主国中国による征討の対象になるからです。これが加羅系渡来集団のトラウマです。

加羅系崇神王朝を引き継いだ百済蓋鹵王の弟昆支王（倭王武）は、四六一年に倭国済の入婿に入りましたが、四九一年百済系倭王朝の始祖王となりました。しかし昆支王が去った母国百済は四七五年に高句麗の侵略によって漢城（現ソウル）から南の熊津《ゆうしん》（現公州）に都を移し、六六〇年に唐・新羅の連合による白村江の戦いで滅びてしまいました。さらに同じ唐・新羅連合軍の攻撃によって、六六八年高句麗も滅びました。

倭国の百済系天智・天武は、六四五年の乙巳《いっし》のクーデタで蘇我王朝（馬子・蝦夷・入鹿）を倒し、初期律令国家（「記紀」の完成時期、七〇〇年―七二〇年）の基礎を築きますが、昆支王（倭王武）を始祖王とすることでは蘇我王朝三代と同じ百済系倭王朝の系譜です。百済系渡来集団の大きなトラウマは、すでに亡国となった百済を出自にもつことを隠すために万世一系皇国の神話を作らなければならなかったことです。すなわち昆支＝応神＝八幡神の正体を隠すことでした。

それは邪馬台国を継承したかのように見せかけた旧加羅系渡来集団と同じように、そのトラウマを引き継いだ百済系渡来集団も自分たちは朝鮮半島から渡来したのでなく倭国誕生以来この倭国で生成したという神話を創ることでした。これが新の百済系渡来集団の宿命的なトラウマです。前者は「鏡」というもので、後者は「神話と物語」で国の内外に、そして後世に伝えようとしたのです。

しかし中大兄（百済系）＋鎌足（加羅系）による乙巳のクーデタ（大化の改新）のためにア

マテラス神にとって代わられた八幡神は、聖武天皇の世にアマテラス＝廬舎那仏（東大寺の大仏）の守護神＝武神＝八幡神として再登場します。

つまり百済から渡来した昆支を意味する八幡神は大化の改新から聖武天皇天平九年（七三七）まで約九〇年間はほぼ完全に隠されてしまったのですが、天武系の聖武・孝謙の世から天智系光仁・桓武天皇に代わって三八年エミシ侵略戦争の時代になると、八幡神は先住民エミシ攻略の「武神」として姿をかえて現れるようになったのです。

もし八幡神＝応神天皇であるならば、応神天皇は日本で神となった百済の昆支王であり、エミシは日本（倭国）の先住民でなければなりません。であれば本書三章の「百済系渡来集団とエミシ」は日本古代国家が新旧二つの渡来集団によって建国された」という石渡説を史実として検証するもっとも有効な題材であったことを読者の皆様にご理解していただければ幸いです。

なお、このたびの『八幡神の正体』の出版は彩流社代表の竹内淳夫さんの手を直接わずらわすことによって、私と氏は先述しましたような事情もあり、いら立つこともなく、あわてることもなく、実におだやかな気持ちで仕事に集中することができました。私は氏のいつもかわらぬ鷹揚《おうよう》な姿勢に影響されたのだろうかと、あらためて心から感謝の意を表する次第です。

二〇一二年一〇月末日

林　順治

第二章　アマテラスの正体——伊勢神宮はいつ創られたか

◆はじめに

アマテラスも八幡神も、古代から天皇家の始祖神として崇拝され祭られてきた。しかし二つの始祖神はその誕生も様相も大きく異にしている。

「われわれはすでに大八洲国《おおやしまこく》と山川草木を生んだ。天下の主たる者を生もう」と言って生んだアマテラスは輝くことあまりにも明るく美しいので、イザナキとイザナミはアマテラスを天の柱を伝わせて天上に送った。

天上に送られたアマテラスは、日の神とも大日孁貴《おおひるめのむち》とも日神とも呼ばれ、五世孫イワレヒコ（磐余彦）の東征を助け、人にして神、神にして人の初代天皇神武を大和橿原で即位させた。その年は紀元前六六〇年、干支は辛酉《しんゆう》であった。

アマテラスは万世一系天皇の物語「記紀」の主役であり、天皇家の揺るぎのない皇祖神である。したがって「記紀」には一度も登場しなかった八幡神とはくらべようもない隔絶たる天つ神である。八幡神が一躍注目されるようになったのは孝謙天皇(聖武の皇女)の即位式に宇佐から上京し、大仏誕生の守護神として復活したときである。

のち源氏三代(頼信・頼義・義家)の初代河内源氏の源頼信は、誉田陵《ほむたりょう》(応神陵)に納めた「告文《こうぶん》」によって「大菩薩の聖体(応神天皇)は源氏の二二世の氏祖である」と明らかにした。この中世武士団の棟梁による第一六代天皇応神を始祖とする「告文」も地方豪族に対して効果はあっても、中央にはさほど大きな影響を与えることはなかった。しかし応神天皇が源氏三代の始祖王であることは、史実に見合う本当のことであった。

たしかに源頼信の告文の約二〇〇年前から桓武天皇を始祖する源氏(臣籍降下)二一流の天皇になれなかった都にすむ平安貴族の皇子や皇女にとって、宇佐から石清水に遷座した八幡宮は熱烈なる崇拝の対象となっていたからである。たとえば、藤原道長に娘倫子《りんこ》を嫁がせた宇多天皇の孫左大臣源雅信《まさざね》(九二〇―九九三)は「南無八幡大菩薩云々」という念誦を毎日百回行うことを日課にし、かつまた「音楽堪能、一代之名匠也」といわれるほど琵琶の名手であった。

さて、現在の私たちの時代に近い明治維新前後にアマテラスが突如として現れ、物議をもたらした二つの事件を紹介しようと思う。一つはアマテラスのお札《ふだ》が天から降ったという一種摩訶不思議なデマが起爆剤となって〝ええじゃないか〟騒動が四国・阪神地方を中心に起こった。もう一つのアマテラスが関係する政治的事件は、公武合体構想をすすめた老中安藤信正にたいする水戸藩士の桜田門襲撃事件のことである。

漱石と同年に香川県の山村に生まれ、後、類まれなるジャーナリストとなった宮武外骨《がいこつ》について一言述べておく。宮武外骨は、大日本帝国憲法公布の一七日後に出版した雑誌の図が不敬罪とされ、石川島に三年の獄中の身となった。その図とは、一段高い壇上から骸骨が正装した頓智協会員に頓智研究法を授けている様子を描いたものであった。

その後も、外骨は数々の筆禍事件で入獄したが、警察署長に「あなたの性格はイッごろからソンナに変わったのですか」と聞かれ「遺伝でも両親の教育のせいでもない」とその時は答えたが、その後、外骨は〝えいじゃないか〟の影響だと確信するようになったと、自伝に記している。というのは外骨の生れた家は庄屋であったので、何度も〝ええじゃない〟に襲われたからであった。

もう一つのアマテラスがからむ政治的事件のきっかけとなる「公武合体構想」は「天照大神の御はからい、朝廷の御任によりて、東照神御祖命《あずまてるかみのおやみこと》よりつぎつぎ、大将軍家の、天下の御政《おんまつりごと》をば敷行《しきおこな》わせ玉ふなり」という本居宣長の思想を根幹としている。

本居宣長の思想によれば徳川家康を祭神とする東照神御祖命は、アマテラスの亜流であるから、もとはといえば朝廷が幕府に政治を委任している。幕府は力の後退という避けがたい政治状況のなかで、アマテラスを祖とする天皇を政治の場に引き出し「公」の論理として位置づける必要があった。

幕府にとって「公武合体構想」は諸藩からの激しい批判と下級武士から澎湃《ほうはい》として起こった「攘夷」という激しい突き上げを回避する窮余の策であった。佐幕は読んで字のごとく幕府を助け、尊王は天皇を尊ぶ行為である。二つの行為は相矛盾する。

しかし本居宣長がいうように、天皇に委任されているのだから、委任された徳川幕府は駄目になったら、委任する天皇を持ち出し再建するしかない。攘夷とはまさに対外的、かつ国際的な問題であるから「東照神」では駄目で「天照大神」でなくてはならない。

当初、幕府再建の論理の主体は水戸学をベースにした佐幕的尊王論であった。しかし、水戸学の藤田東湖ら佐幕尊王論を尊王論に切り替えたのが吉田松陰であった。松陰は松下村塾を開き、維新政府で名を成した伊藤博文、山縣有朋らの面々を教育した。のち桂小五郎（木戸孝胤）の手付として江戸詰めしていた伊藤博文は、松陰が安政の大獄で斬首された際、師の遺骸を引きとった。

明治二年一月の薩長土肥の藩主がそれまで所有していた領有・領民を天皇にもどす「版籍奉還」の上表文の冒頭には次のように書かれている。

天祖はじめて国を闢《ひら》き基《もとい》を建玉《たてたま》ひしより、皇統一系万世無窮、譜天率土、その臣に非《あら》さるはなし。

同月、初代兵庫県知事伊藤博文は「君主政体」などの盛り込んだ『国是項目』を提出し、かくしてのち大日本帝国憲法公布の立役者となった。伊藤博文は『憲法義解《ぎかい》』という各条文の解説書を憲法発布の四ヵ月後の六月に発行した。

実質は井上毅《こわし》の作成によるものだが、著作権者は伊藤博文になっている。『憲法義解』は明治二一年に完成していた憲法草案が元になった。『憲法義解』の「万世一系天皇之を統治する」の解説は「神国開国以来、時に盛衰ありといえども、世の乱性ありといえども、皇統一系宝祚《ほうそ》の隆《さかえ》は天地と与《とも》に窮《きわまり》なし」とある。

この「天壌無窮《てんじょうむきゅう》の詔勅《しょうちょく》」はアマテラスが皇孫のホノニニギに玉と鏡と剣を与えて、「葦原の千五百秋瑞穂国《ちいほあきのみずほのくに》は我が子孫が君主たるべき地である。汝、皇孫よ行って治めなさい」に続く言葉である。

一九四五年四月二二日、ソ連軍によってベルリンは陥落した。その月の二九日、ヒトラーは愛人エヴァ・ブラウンと官邸の地下壕で結婚式をあげ、翌日、エヴァ・ブラウンとともに自殺した。ヒトラーは一通の遺書を残したが、それには「開戦の責任はすべてユダヤ人およびユダヤ人のために働く政治家にある」と書かれていた。ヒトラーは最後までユダ人憎悪という誤ったイデオロギーから逃れることができなかった。

同年五月七日、ドイツは北フランスのランスにあるアイゼンハワー司令部で無条件降伏の調印をした。いっぽう日本は五月四日に始まったアメリカ軍の沖縄上陸作戦に対する日本軍の総反撃は完全に失敗し、日本側の死者二四万人、内、正規軍六万六〇〇〇人、防衛隊二万八〇〇〇人、沖縄住民および戦闘協力者一五万人に達した。

内大臣の木戸幸一は日記に「今、真剣に考えなければならないのは、三種の神器の護持のことです。これを守らないと皇統二千六百有余年の象徴を失うことになります。結局、皇室も国体も護持得ざることとなります」と天皇に進言したことを日記に書いている。その六日後の昭和二〇年（一九四五）七月三一日、天皇は木戸の進言に対して次のように答えた。世界史上はじめて、ヒロシマに原爆が投下される一週間前のことである。

先日、内大臣の話した伊勢神宮のことは誠に重大なことと思い、種々考えていたが伊勢と熱田の神器は結局自分が持参して御守りするのが一番よいと思う。しかしこれは何時御移しするかはいかがなものかと思う故、信州の方へ御移しすることの心組で考えてはどうかと思う。この辺、宮内大臣ととくと相談し、政府とも交渉してもらいたい。万一の場合は自分が御守りして運命をともにするほかはないと思う。

木戸幸一の日記を通称「木戸幸一日記」という。この日記は木戸が内大臣秘書官となった一九三〇年から極東軍事裁判（東京裁判）の被告（A級戦犯）として巣鴨拘置所に収容されるまでの記録である。

敗戦までの記録は東京裁判の際に木戸本人の証拠書類として提出されたが、木戸幸一は明治の元勲木戸孝允《たかよし》（桂小五郎）の孫にあたる。前内大臣牧野伸顕《まきののぶあき》（吉田茂の女婿）が大久保利通の次男であったように、昭和天皇は維新元勲の師弟を身近に登用した。これら天皇の身辺に仕える人たちは「宮中グループ」と呼ばれた。

本書は『古事記』も『日本書紀』もほぼ同時に藤原不比等によってつくられたとする上山春平や石渡信一郎の説を受けて「記紀」を類比・検証したものである。もし両者の説が正しいとすればアマテラスの誕生と伊勢神宮の内宮（アマテラス）と外宮（豊受大神）の創建は藤原不比等が台頭し、不比等が権力の絶頂期にいたる約二〇年の間にでき上がったと考えることができる。

＊　＊　＊

アマテラスが「記紀」編纂時に誕生したのであれば、アマテラスは崇神王朝が祭ったアマテルを自分の妻神（ヒメ神）とした八幡神よりもっと遅れて生れた神であることもわかる。

藤原不比等は天武→持統（女性天皇）→文武→元明（女性天皇）→元正（女性天皇）→聖武天皇→孝謙天皇（女性天皇）と皇位継承の危機的状況が予想されるなか、「日本」という呼名と「日本」にふさわしいアマテラスをつくった。アマテラスが女神であるのはそのためである。

本書はおおよそ以上の想定される史実を検証するため、三つの説の助けを借りたことをお伝えしておく。

一つはフロイトが晩年の著作『モーセと一神教』で指摘した「二つの民族集団の合体と崩壊。すなわち最初の宗教は別の後の宗教に駆逐されながら、後に最初の宗教が姿を現し勝利を得る」という心的外傷（トラウマ）の二重性理論である。

二つは石渡信一郎の一連の実証的研究をつらぬく命題「新旧二つの朝鮮半島からの渡来集団による日本古代の成立」、すなわち加羅系と百済系による二つの倭王朝説である。

三つは井原教弼《みちすけ》が提唱した「干支一運六〇年の天皇紀」である。井原説は石渡信一郎の数々の発見を補完する優れた説であるにもかかわらず、井原教弼の論文がきわめて数が少ないうえ、本人の経歴が工学畑の研究者であること以外、いまのところわかっていない。

したがって、本書第二章は井原教弼の論文に私の知見を加えた解説に費やしている。また、井原教弼の「干支一運六〇年の天皇紀」によれば、『日本書紀』編纂者たちがいかに〝虚と実〟の「万世一系天皇の物語」をつくるために悪戦苦闘したのか知ることができるだろう。また、これら〝虚と実〟から「皇統二千六百有余年」の中身をあからさまに知るようになるだろう。

しかしここでお断りしておかなければならないことは、〝虚と実〟を知ることは、歴史を否定することではない。歴史の意味と価値を知るということは歴史の〝虚と実〟〝表と裏〟を知ることとイコールであることである。

しかしこの試みはうまくいったのかどうかについては、読者の皆さんの御理解をまつよりほかはない。

◆おわりに

今年三月二日、日曜日の小雨降る午後三時頃、金大中《キム・デジュン》元大統領の弁護人韓勝憲《ハン・スホン》氏の出版パーティのあるJR大塚駅沿いのホテルに向かった。途中、韓勝憲氏の小柄細身の身体《からだ》と喰《く》い入るような眼差《まなざ》しと優しそうな口元をときどき思いだす。

今から一三年前のことである。私がはじめて書いた『馬子の墓』（二〇〇一年）という本の出版パーティに、それまで会ったこともない韓国政府の高官「ハン・スホン氏」が出席することになった。私の知人に吉松繁という牧師（王子北教会、一九三二年中国大連生れ）がいて、その吉松牧師が私のために韓勝憲氏を呼び寄せてくれたのである。

パーティの日は三月末日だというのに、朝から断続的に雪が降り、夕刻まで二〇センチほど降り積もっていた。出席者は私の親戚・知人・友人・著者関係をふくめ九〇人ほどの予定であった。著者の中には弁護士の故遠藤誠さん、故「人権一一〇番」の千代丸健二さん、経済評論家でかつお酒評論家の故水沢渓《けい》さん、そして当日の司会担当の船瀬俊介さんなど多士済々の人たちがいた。

当時、私の出版社は、長年勤めていた女性社員の退職金の一括支払いか分割支払かの労使交渉（一九九八年八月）が激化し、ロックアウトに入ってから三年目であった。私の自宅への労組と支援者によるデモは二〇〇三年一一月二八日まで三四回におよび、『馬子の墓』の出版パーティへのデモは二五回目であった。デモはK営業部長の自宅に対しても同じ回数行われたが、S社長の自宅は一〇回ほど多かった。

さて、私と彩流社のTさんと午後三時ごろからパーティ会場の準備をしていると、まもなく「労組がホテルの前でシュプレヒコールをやっている」という知らせが入った。様子を見に階下に降りると、ロビーの受付やホテルの職員はてんやわんやの大騒ぎである。ホテルの前の道路をはさんで斜向《はすむ》かいの池袋警察署を承知の上でのデモだから、警察への通報は何の効果もない。

ホテル側への事情説明は千代丸健二さんに依頼した。実は、労組が来る可能性があることを事前に吉松牧師に知らせてあったので、労組との話し合いは会場外の廊下のロビーで吉松牧師と韓国からのお客さんの韓勝憲氏が引き受けることになった。

結果、騒ぎは一時間ほどで終わった。労組と吉松牧師と韓勝憲氏がどのような話し合いをしたのか、詳しく聞くひまもなく現在にいたっている。いずれにしても、その日はパーティ出席者の挨拶も滞りなくすみ、夜の八時過ぎ無事に終わった。ちなみに労組による私の自宅へのデモは三四回あったが、暴力沙汰は一回もなかったことを付言しておく。

このようなことをつらつら思い出しながら、韓勝憲氏の『日韓の現代史と平和・民主主義に思う』という本を手にした。韓勝憲氏は、一九七五年の筆禍事件、一九八七年の金大中内乱陰謀事件等で二度投獄され、一九七六年から一九八三年まで弁護士資格を剥奪され、金大中大統領の誕生と同時に韓国監査委員長に任命された。

その韓勝憲氏が当事者となった一九八〇年の金大中内乱陰謀事件は、七年前に起きた日本の東京飯田橋のホテル・グランドパレスからの金大中氏拉致事件よりもっと徹底した組織的公権力のでっちあげ裁判によって政敵の金大中氏を「死刑」に処す目的に向かって運ばれた。

違法だらけの軍法会議の判決を合憲と判定した大法院は金大中氏の上告をつぎつぎと棄却した。金大中氏に残されたのは死刑執行のみとなった。ところが一九八一年一月二〇日、アメリカ大統領がカーターに代わってレーガンが就任した。レーガン大統領による全斗煥《チョン・ドゥファン》側との交渉により、金大中氏は死刑から無期懲役に減刑された。

波瀾万丈、千変万化の末、金大中氏は一九九七年一二月の大統領選挙で、第一五代大統領となったのである。二〇〇三年まで大統領を務め、二〇〇〇年にはノーベル平和賞を受賞している。

この第一五代元大統領金大中の追悼の辞(二〇〇九年一一月一三日)で、かつて故人の弁護人であり、共同被告人であり、民主化運動を共にした韓勝憲氏は次のように語っている。

大統領が死刑囚になる国、また死刑囚が大統領になる国、韓国はそのような激動を経験しながら歴史を正される国です。そのような歴史の中心に金大中元大統領はいました。故人は苦難の極まりと光栄の極まりをともに経験した人物でした。拉致と水葬の危険を経験しても絶望せず、軍事裁判で死刑判決という死の間近でも信念を折ったり降伏しませんでした。

彼はキリスト者らしく和解と容赦を実践した人です。反国家犯罪を捏造して自身に死刑宣告までした全斗煥氏を釈放させました。軍事法廷で死刑判決の求刑を受けた後にも、私が死んだ後でも政治的な報復は決してあってはならないと、力説しました。

この席にご一緒してくださった皆様、そしてこの行事のために多くの苦労と協力をして下さった皆様に感謝の言葉を申し上げます。聖書には、正しいことを行って迫害を受けた人は幸せだ。天国が彼らのものである。——という言葉あります。(『日韓の現代史と平和・民主主義に思う』から要約して引用)

*　*　*

海を一つ隔てているとはいえ日本にもっとも近い隣国の艱難辛苦の政治的危機から立ち直った国とその国民の体験を、同時代の一人として知らなかったというのはあまりにも恥ずかしいと私は自戒する。

自国の歴史を知るためには他国の歴史を学ばなければならない。人が大人になるためには多く人の体験と知と教訓を経て成長していく。一国の歴史も周辺諸国との間断なき正誤をくりかえして創り変えられていく。それは一人一人の一個人の成長と酷似している。

本書の「まえがき」で述べたように、日本の歴史は、国家の起源=天皇の歴史である。その歴史はイザナキとイザナミによって天上に送られたアマテラスの五世孫、「神にして人、人にして神」のイワレヒコこと初代神武から始まる万世一系天皇物語である。

かつて人間魚雷「回天」の特攻隊員であった先学の上山春平は「ヤマトタケルの歌」をきっかけにアマテラスは初期律令国家の指導者藤原不比等の手によってつくられた神とした。その指摘は正しいように思われる。しかし、後、石渡信一郎は上山春平の説を受けながら「日本古代国家は加羅と百済から渡来した新旧二つの渡来集団によって建国された」と明らかにした。

そのことによって、私は、唐・新羅連合軍と百済の白村江の戦いに天智天皇がなぜ国家存亡をかけた倭国日本の救援軍を百済に送ったのか、その秘密を知ることができた。天智・天武と彼らの祖先にとって百済はもちろん朝鮮半島はかけがえのない母国であり祖国であり、故郷であったのである。

であれば、このグローバル時代にこそ私は日本の古代史はもちろん、日本・中国・朝鮮半島の歴史を東アジア全体のテーマとして、かつ世界史にかかわる今日的な問題として見直す時が到来したと信じている。

最後に、このような未完成のテーマにのぞんでいる私を受け入れてくださる彩流社の竹内淳夫さんに心から感謝の意を表する次第です。

二〇一四年四月末日

林　順治

第三章　『猫』と『坊っちゃん』と漱石の言葉
——風吹けば糸瓜をなぐるふくべかな

◆はじめに

国民的作家漱石

本書は漱石の初期の作品を題材としている。漱石の初期作品とはいっても、漱石が『吾輩は猫である』（以下、『猫』）を高浜虚子の主宰する雑誌「ホトトギス」に発表したのが明治三八年（一九〇八）一月である。この年の一月一日ははからずも旅順のロシア軍が降伏した日であった。

漱石は続いて「ホトトギス」の二月号に『猫』の続編を発表した。漱石は慶応三年（一八六七年）一月五日（新暦二月九日）生まれだから、続編を発表した時はすでに三九歳になっていた。『猫』の評判は上々であった。

同じ年の一〇月、漱石は「ホトトギス」に掲載した分（一月号・二月号・四月号・六月号・七月号）をまとめた単行本『吾輩ハ猫デアル』（上編）を出版した。この単行本も初版は間もなく売れきれとなり、漱石の名は広く知られるようになった。この本のために漱石は約八〇〇字前後の「序」を書いている。

初めて本を出版する著者としては矜持《きょうじ》に満ちている。全文は『漱石全集第一六巻』（評論ほか、一九九五年岩波版）をご覧いただきたい。

『吾輩は猫である』は雑誌ホトトギスに連載した続き物である。固《もと》より纏まった話の筋を読ませる普通の小説ではないから、どこで切って一冊としても興味の上に於いて左したる影響のあろう筈もない。然し自分の考えではもう少し書いた上でと思って居たが、書肆《しょし》の頻《しき》りに催促するのと、多忙で意の如く稿を継ぐ余暇がないので、差し当たり是丈《これだけ》出版することになった。（略）。

此書は趣向もなく、構造もなく、尾頭の心元なき海鼠《なまこ》の様な文章であるから、たとえ此一巻で消えてなくなった所で一向に差し支えはない。又実際消えてなくなるかも知れん。然し将来忙中に暇を偸《ぬす》んで塵《ちり》を吹く機会があれば再び稿を継ぐ積りである。猫が生きて居る間は――猫が丈夫で居る間は――猫が気が向くときは――余も亦筆を執らねばならぬ。

当時、漱石はすこぶる多忙であった。ロンドン留学から帰国してからの漱石は明治一八年九月妻鏡子と四人の娘を抱え、東京帝大の英文科の講師として午前はシェークスピア、午後は英文学史の講義、その間、第一高等学校（一高）の英語の授業を受け持つ担任教師であった。

翌年の明治三九年五月一七日、『漾虚集《ようきょ》』（短編集）を同じ大倉書店から出版した。『漾虚集』には雑誌「中央公論」や「帝国文学」「学燈」などに発表した『倫敦塔』、『カーライル博物館』、『幻影の楯』、『琴のそら音』、『一夜』、『薤露行《かいろ》』、『趣味の遺伝』の七編が収録されている。

さらに漱石は連載中の『猫』の合間を見て、「ホトトギス」（三九年四月号）に『坊っちゃん』を発表した。『坊っちゃん』にいたっては構想してから半月で脱稿したと言われている。

これらすべて、岩波版『漱石全集』の第二巻に『猫』→『漾虚集《ようきょ》』→『坊っちゃん』の順に収録されている。

本書『「猫」と「坊っちゃん」と漱石の言葉』は、漱石が東京朝日新聞社の専属の作家として入社する前に発表された『猫』と『漾虚集』と『坊っちゃん』のいわゆる初期作品と、漱石晩年の自伝的作品『硝子戸の中』『道草』（いずれも大正四年＝一九一四年、東京・大阪朝日新聞に同時連載）と日記・書簡・講演等で構成されている。

なぜなら通説では『猫』の笑い・狂気と『坊っちゃん』の痛快・義侠心と『漾虚集』の難解・難渋さは、表現形式やその内容から異質とされてきた。しかし私は漱石の初期作品である『猫』と『漾虚集』と『坊っちゃん』は優れて自伝的であるという点で共通すると認識している。

その共通性こそ漱石の秘密であり、その秘密を明らかにしてくれるのが漱石の晩年の作品『硝子戸の中』→『道草』など一連の作品に、漱石でなければ語ることのできない幼少期のトラウマが脈々と流れている。

しかし漱石は「書く」ことによってそのトラウマを自ら治癒し、レフ・トルストイ、ヴィクトル・ユゴー、シェークスピア、ゲーテ、マーク・トゥエンと同じように世界に通じる国民的作家となったことを読者の皆様に前もってお伝えしておきたい。

漱石の神経症

『吾輩は猫である』(『猫』)は、漱石三八歳のときの最初の作品である。その冒頭の書出しは「吾輩は猫である。名前はまだない」とある。「名前はまだない」とあるから次の頁をめくると「吾輩は藁《わら》の上から急に笹原の中へ棄てられたのである」と書かれている。考えてみると吾輩は捨て猫であることがわかる。しかも猫は死ぬときまで名前を付けられた形跡はない。

明治三六年(一九〇三)一月二四日、約二年間の英国留学から帰国した漱石は、一時、妻鏡子の実家である牛込区矢来町三番地中ノ丸の中根重一宅に落ち着いたが、三月三日本郷区千駄木町五七番地(現・文京区向丘三丁目二〇番七号)に転居した。すでに漱石と鏡子の間には長女筆(五歳)、次女恒子(三歳)の女子が二人いて、鏡子は三女エイをお腹に宿していた(一一月一三日誕生)。

帰国早々、漱石は二歳年上で親友の当時第一高等学校の校長であった狩野亨吉《かのこうきち》の世話で、四月一〇日に第一高等学校の英語嘱託の辞令をもらい、同月の一五日には東京帝国大学文科大学の講師として採用された。

東京帝国大学で漱石は小泉八雲（ラフカディオ・ハーン）の後任として教鞭をとったが、学生による前任の八雲留任運動が起こり、また漱石の「英文学概論」や女流作家ジョージ・エリオット（一八一九―一八八〇）の代表作品の一つ『サイラス・マナー』（ある職工と孤児の出会いの物語）の講義が学生には不評であった。

また、一高の受持ちの生徒であった藤村操《みさお》が宿題をやってこなかったことで漱石に叱責され、その数日後に華厳の滝に入水自殺したことも漱石の持病でもある神経衰弱を悪化させた。そのせいもあってか、漱石は些細《ささい》なことで妻鏡子や娘に暴力をふるうようになり、妻の鏡子は漱石の振舞いに耐え切れず二ヵ月ほど実家に戻った。

漱石が「猫」の原稿（第一回分）を書き始めたのは、翌明治三七年一一月中旬から下旬にかけて「山会《やまあい》」の高浜虚子に勧められたからであった。「山会」というのは正岡子規の旧居（子規没後の家、現・東京都台東区根岸二―五―一一）で行われていた寒川鼠骨《さむかわそこつ》・伊藤左千夫・長塚節・河東碧梧桐《へきごとう》・高浜虚子・坂本四方太《よもた》らの文章会をいう。

この年の一一月末から一二月の初旬にかけて虚子は漱石が約束した原稿を受け取りにきた。虚子は漱石が朗読するのを聞いて大いに笑い興じた。漱石は「気が付いたところがあったら指摘してほしい」と言って、虚子が指摘した数ヵ所を改めた。『吾輩は猫である』の題名が決まったのは、「ホトトギス」に『猫』の予告を出す一〇日ほど前ではないかと漱石研究者の荒正人が推定している。

「ホトトギス」第八巻第三号（明治三七年一二月一〇日刊）は「滔滔《とうとう》十余頁にわたる一匹の猫の経歴談にして、寓意深遠、警句累出、我文壇始めてこの種の好風刺に接したりというべし」と広告した。子規が亡くなってから二年と数ヵ月後のことであった。

かくして『吾輩は猫である』は明治三八（一九〇五）一月一日発売の「ホトトギス」に発表された。この年の一月一日は旅順開城の新聞号外が出た日でもあった。『猫』の反響は上々であった。漱石は第一高等学校の生徒にはそれまで〝夏目さん〟と呼ばれていたのが、「猫さん」「猫」と呼ばれるようになった。

当時、内田百閒《ひゃっけん》は岡山中学校の四年生であったが、『猫』を読んでから漱石を深く尊敬するようになった。また漱石は松岡譲（のち漱石の長女筆の夫。現在なお活躍中の半藤一利の父）には年賀状に自筆の猫の絵葉書を送っている。

水川隆夫著の『夏目漱石と戦争』（平凡新書）によれば、社会主義者の堺利彦（一八七一―一九三三、『共産党宣言』の本邦最初の翻訳者）がエンゲルスの写真を印刷した平民社の絵ハガキを用いて次のような感想を送ってきたという。

　新刊の書籍を読んだ時、その著者に一言を呈するのは礼であると思います。小生は貴下の新書『猫』を得て、家族相手に三夜続けて朗読会を開きました。三馬浮世風呂と同じ味を感じました。

堺利彦

『猫』のモデルになった捨て猫は、漱石が雑誌「ホトトギス」に『猫』の連載を始める一年前の七月頃、一匹の黒猫が迷い込み、漱石は〝そんなに入って来るなら置いてやったらどうか〟と言い、通いの老婆の按摩《あんま》に〝爪の先まで黒いから飼っておくと家は繁盛する〟と言われ、妻の鏡子が飼う気になった。

ちなみに名無しの黒猫は、明治四一年九月一四日付の漱石（東京都牛込区早稲田南町七）からのハガキで小宮豊隆・鈴木三重吉・松根東洋城・野上豊一郎らは次のような死亡通知を受けている。

辱知猫義久く病気の処療養不相叶昨夜いつの間にか裏の物置のヘッツイの上にて逝去致候埋葬の義は車屋をたのみ蜜柑箱に入れて裏の庭先にて執行仕候。但し主人「三四郎」執筆中につき御会葬には及び不申候　以上

以上の事柄は漱石の研究者や愛好家の皆さんはおおよそ〝知っている話〟と拙著を投げ出されては困るので、そこで筆者は視点を変え、漱石の持病と言われている神経衰弱が一体どの程度のもので、当時、医師にいかに診断されていたか、また、漱石自身、〝神経衰弱〟についてどう考えていたのか知見を加えてお伝えしようと思う。言って見れば、これが本書の主題といってもよい。

そこでまず「神経衰弱」を漱石全集（岩波版）の総索引第二八巻をひくと、第一巻の『我輩は猫である』が五ヵ所、第四巻の『虞美人草』が四ヵ所、第六巻の『門』『それから』が六ヵ所、第八巻の『行人』が六ヵ所、第一六巻の『評論ほか』が一〇ヵ所、第二二巻の『書簡（上）』が一七ヵ所と一番多い。

したがって、第二二巻『書簡（上）』に収録されている鈴木三重吉に送った明治三九年六月六日付の書簡（A）と同じ月の六月一九日に送った書簡（B）の二通と、森田草平に送った六月二三日付の書簡（C）が漱石自身の〝神経衰弱〟に対する代表的な意見と思われるので次に紹介する。

（A）　君は九月上京の事と思う。神経衰弱は全快の事なるべく結構に候。現下の如き愚なる間違った世の中には正しき人でありさえすれば必ず神経衰弱になる事と存候。今の世に神経衰弱に罹らぬ奴は金持ちの魯鈍ものか、無教育の無良心の徒かでなからずば二〇世紀の軽薄に満足するひょうろく玉に候。

もし死ぬならば神経衰弱で死んだら名誉だろうと思う。時があったら神経衰弱論を草して天下の犬どもに犬である事を自覚させてやりたいと思う。

（B）　漾虚集の誤植のお知らせ有難う。第三版には大分正さねばならぬ。神経衰弱論を書こうと思っている。僕の結論によると英国人が神経衰弱で第一番に滅亡すると云うのだが、名論だろう。いずれ出たら読んでくれたまえ。
（C）人間を見るのは逆境に於いてするに限る。逆境を踏んだ人は自ら修業が出来る。サンタンたる諸先生も毎日試験を受けていれば立派な人になれる。天の禍を下す、下せる人を珠玉にせんが為なり。禍はないかな。禍はないかな。天下に求むべきものありとすれば禍のバーゲトリー（煉獄）なり。

今一つ感じたことがある。純文学の学生は大抵神経衰弱に罹っている。是は二〇世紀の潮流が自然学生を駆ってここに至らしめたるか又は神経衰弱ならざれば純文学が専門に出来ぬのか。未だ研究せず。諸君既に神経衰弱なれば試験官たる拙者の如きは大神経衰弱者ならざるべからず。然も当人自身は現に神経衰弱を以て自任しつつあり。神経衰弱なるかな。神経衰弱会を組織して大いに文運を鼓吹せんとする白楊先生（森田草平のこと）以て如何となす。

漱石の神経衰弱論は鈴木三重吉や森田草平に宛てた書簡の内容が本音とみてよい。ウィキペディア（以下、ウィキ）によると、現在では「神経衰弱」という言葉は、病気の症状としては不明瞭で自律神経失調症や神経症などとも区別され、病名としては使われていないという。そもそも神経衰弱は、一八八〇年にアメリカの神経科医ビアードが命名した精神疾患の一種であった。

当時のアメリカでは都市化や工業化が進んだ結果、労働者の間で、この状態が多発していたことからこの病名が生まれた。しかしその後、戦争や疲労による不眠不休の状態にある人に必ずしもみられないことと、心身の休養によって回復するとは限らないことから、その人の置かれた状況と素質ないしは性格とのかね合いで発生するものと考えられ、神経症の一型とされている。

それでは〝神経症〟とはどのような症状をさしていうのか、ウィキを検索すると、「神経症とは精神医学用語で、統合失調症や躁うつ病などよりも軽症であり、病因が器質的なものによらない精神疾患のことをさす。軽度のパニック障害や強迫性障害などがこれにあたる。これらは総称して神経症と呼ばれていた」とある。さらに次のように説明している。

一九世紀以前において脳や体に何も異常がないのに精神（神経）が病に冒されたようになる病気をそう呼んでいた。このような精神疾患に神経症という名前が当てはめられた。神経症はフロイトが精神分析という方法で神経症の患者を研究していたことで有名である。

ここで「病因が器質的」の〝器質的〟の意味を調べてみると「ある障害や病変の原因などについて、身体の器官のどこかが物質的，物理的に特定できる状態にある」とあり、「例えば，器質的病変があるといえば、脳を含む体のどこかが損傷を受けた結果不具合が生じている状態である」とある。

フロイトの『モーセと一神教』

そこで肝心の〝フロイトのいう神経症〟のことだが、ウィキは神経症の関連項目として精神医学・精神分析学・心理学・抜毛癖・チック症・緘黙《かんもく》などをあげている。これでは先にあげた漱石の考えとは大分かけ離れているし、文学・歴史・宗教・哲学とはあまり縁がなく、面白くもない。

また、神経症の研究に生涯をかけたフロイトが晩年に『モーセと一神教』で伝えたかった神経症の真髄も知ることができない。確かにフロイトが亡くなる寸前に出版した『モーセと一神教』も「モーセを語る人はフロイトを語らず、フロイトを語る人はモーセを語らず」の言葉が示すように、歴史・哲学・文学・宗教と精神医学との接点を見いだせないまま、長い時間が経過した。

一八五六年に生まれたジークムント・フロイトはオーストリアの精神分析学者で精神科医であったが第二次世界大戦が始まる一九三九年、ナチ政権を逃れてロンドンで亡くなった。人生の大半を神経症の研究に専念し多大な業績をあげ、最晩年のロンドンで『モーセと一神教』を出版し、「モーセはエジプトの高官であった」という仮説をたてた。

漱石はフロイトより一一年遅く生まれ、大正五年（一九一六）四九歳で亡くなっている。ということは、フロイト八三歳のときの遺作『モーセと一神教』の出版より二〇年早く亡くなっているのだから『モーセと一神教』を読んでいないことは確かである。

そしてまた『モーセと一神教』が先のような事情だから、漱石の神経症を観点にした本は数少ない。漱石が最初の作品『猫』を書いたのが明治三八年（一九〇五）である。一九〇〇年に出版されたフロイトの『夢判断』ならば漱石がロンドン留学中に読まなかったとは言い切れない。

しかし、そもそも『夢判断』そのものが六〇〇部印刷され、完売するのに八年もかかったというのだから漱石がフロイトの著作に触れるのは無理なこともわかる。それでも私は「もし、漱石がフロイトを読んでいたら、『猫』を書くことはなかった」と言いたい。

漱石は「神経衰弱」「神経」という言葉を作品・日記のなかに多用しているが、博覧強記の漱石が「神経症」という言葉を使っていない。また漱石全集（岩波書店）の総索引（第二八巻）を引いてもフロイトの名は見えないので、漱石はフロイトを読んでいなかったと結論してもよい。

〝モーセはユダヤ人ではなく、エジプトの高官であった〟というフロイトの遺作『モーセと一神教』によれば、かつて経験され、のちに忘却された印象、すなわち神経症の病因論に非常に大きな意味をもつ印象をフロイトは心的外傷と名づけた。それは論理的思考を圧倒し、心に迫りくる強迫という名の特徴を持つ。

心的外傷のすべては五歳までの早期幼年時代に体験される。フロイトによればその体験は通常完全に忘れ去られているが、心的外傷↓防衛↓潜伏↓神経症発生の経過をたどるという。人類の生活においてもこのような個人の生活における事態と似たことが起こっているとフロイトは考えた。

人類の生活でも性的・攻撃的な内容の出来事がまず起こり、それは永続的な結果を残すことになったが、とりあえず防衛され忘却され、長い潜伏期間を通してのち、発生すなわち出現するというのである。フロイトはこの想定にもとづき、神経症状に似た結果こそ宗教という現象にほかならないと考えたのである。

フロイトは人間個々人の神経症の発生は国家の宗教の発生に酷似していると考察しているので、ここでは国家と宗教のことではなく漱石個人の神経症に限定するが、明治国家の万世一系アマテラスを祖とする物語を宗教イデオロギーと見るか政治イデオロギーと見るか今は問わない。終章の最後の部分をご覧いただきたい。

ここでは、いわゆるフロイトの「幼児期に受ける心的外傷と神経症の発生」の説を頼りに、漱石の初期作品である『猫』と『坊っちゃん』と『漾虚集』に〝神経症〟の徴候を探ることにする。しかし〝神経症〟だけがすべてではないことをお断りしておく。

たとえば「主人は痘痕面《あばたづら》である」という『猫』第九話のなかに神経症の病因に類するものがある。漱石の痘痕面論は第九話の四分の一を占めている。一一話からなる『猫』の冒頭文で、第一話の「吾輩は猫である。名前はまだない」と第九話の「主人は痘痕面《あばた》である」のトーンは似ている。

漱石の晩年の作品『道草』や市販の漱石伝から、漱石が乳呑み児のうち養子に出され、その養子先で疱瘡にかかったことはよく知られている。養子の話と疱瘡の話はその都度述べることにして、『猫』（九話）の後半に載っている神経症に類似する話は『猫』（九話）をご覧いただきたい。

◆おわりに

安藤昌益を発見した狩野亨吉

足尾銅山・夕張炭鉱・別子銅山のスト・暴動が起こった明治四〇年（一九〇七）も押し迫った一二月の末、狩野亨吉は月刊誌『内外教育論』の記者のインタビューを受けた。この記事は翌年一月号の『内外教育評論』（第三号）に「大思想家あり」と題して紹介された。

狩野亨吉はこのときはじめて〝安藤昌益〟という当時誰も知らない江戸時代の思想家を世に公開した。つまり安藤昌益は狩野亨吉が見つけるまで約一五〇年間隠れていた。一五〇年間というのは、その後の研究によって安藤昌益は一七〇三年頃に生まれ、一七六二年に没した徳川将軍五代綱吉から八代吉宗・九代家治時代の思想家であることがわかった。

『内外教育評論』の記者木山熊次郎は、狩野亨吉が安藤昌益のことを研究していることを誰かに教えられていたのであろう。木山は前書きとして「某名としたのは特別な事情ではない。次の記事は博士の話した全部ではない。記者は編集の締め切りに追われて博士の十分なる校閲を得ないまま発表した。本誌は、博士が今後一層研究を深めた上でその詳細なる研究を寄せられることを願う次第だ」と、文責は自分にあることを断った上でつぎのような狩野の話を載せている。

自分は暇であれば、日本の文明史とは行かぬが、日本の国民の知力発展史を研究してみたいと思っている。特に徳川時代には数学でも天文学でも世界に誇れる偉い人がたくさんいることがわかった。そして哲学的方面でも日本では大なる哲学者がいる。この大思想家のことは、たいていの人が知らないと思う。
なぜならこの人の書を誰も読んだことはないだろうからだ。その人は今から二〇〇年ほど以前の人で、この本は百巻九二冊からなっている。生れた国は秋田県である。この人物はいろんな国を歩いて長崎まで行っている。三浦梅軒などよりはるかに大規模だ。実際、この人は自分の説が理解されるのは百年後だと言っている。

大逆罪事件と幸徳秋水

『内外教育評論』の第一号は明治四〇年一一月八日の発行である。この年の二月四日、足尾銅山労働者の暴動を鎮圧するため軍隊が出動した。その一ヵ月前の一月一五日には日本社会党の機関紙として「平民新聞」が生れた。発行兼編集人は石川三四郎・西川光次郎・幸徳秋水・堺利彦らである。

二月一七日、神田錦輝館で日本社会党の第二回大会が開かれ、ここで、「宣言および決議」

を巡って、幸徳秋水と田添哲二と激しく対立した。幸徳秋水は田添の議会主義的な政策論に対して直接行動を主張した。いわゆる硬派と軟派との対立はこの時が端緒となった。

幸徳秋水は足尾銅山の例を引いて「代議士の存在はかえって革命の気焔を損ねる」と切り出し、「田中正造翁はもっとも尊敬すべきであるが、その田中正造翁でさえ二〇年間の議員生活で出来なかったことを足尾鉱山の労働者は三日間であれだけのことをやった」と演説した。幸徳の主張が圧倒的多数で可決された。

しかし二月一九日の「平民新聞」（第二八号）に幸徳の演説が掲載されると、その三日後の二月二二日に政府は治安警察法第八条第二項にもとづき結社の禁止を決定した。続いて四月一三日には追い打ちをかけるように、東京裁判所は「平民新聞」の発行禁止を決定した。

結社禁止によって解散させられた日本社会党は、直接派行動派と議会主義派に分かれて対立が激化した。幸徳ら直接行動派と折衷派は「平民新聞」が廃刊に追いやられて後、「大阪平民新聞」（「日本平民新聞」）や『熊本評論』を刊行した。そして幸徳秋水や堺利彦や山川均ら直接行動派はこの年の九月に「金曜会」を組織して、田添・片山潜らは「社会主義同志会」を結成した。

ところが『内外教育評論』に掲載された狩野亨吉の談話に前後して、「日本平民新聞」の一六号（明治四一年一月二四日）に「百五十年前の無政府主義者安藤昌益」と題して掲載された。この新聞は「平民新聞」が発行禁止になった後に急進派の幸徳秋水や山川均らによって大阪で発行された新聞だが、明治四二年五月の爆裂弾事件で逮捕された宮下太吉と関連があった森近運平が編集にあたっていた。

森近運平は明治四三年大逆罪事件で幸徳秋水らとともに死刑になった一人である。森近運平が直接狩野亨吉を知っていたという確かな資料はないが、森近運平が判事の尋問に久米邦武の『日本古代史』のことを口にしているくらいだから、その交友関係はかなり幅広いものであったにちがいない。

また宮下太吉が単なる爆裂弾の製造者でないことは、判事との次のようなやり取りからも窺える。取り調べ判事の「天皇を斃《たお》すと考えたのは、森近から日本の歴史を聞いてからか」という問いに、宮下は「森近の話を聞いてから、これまでの疑問が解け始めた。その後、『無政府共産』という本を読んでから、日本も古代の歴史になるとつまらないと感じた」と答えている。

倭国羽州秋田城

狩野亨吉が安藤昌益の『自然真営道』一〇〇巻九三冊の原本を手に入れたのは狩野が熊本五高の教授から一高の校長になった明治三二年（一八九九）のことである。狩野が五高で教鞭をとったのは、漱石が狩野を五高の教授に招こうと奔走した結果によるが、狩野が五高に在籍した期間は約一年間に過ぎなかった。漱石も明治三三年九月には英国留学のため横浜を出港している。

狩野のところに『自然真営道』を持ち込んだのは、本郷追分町の古本屋田中清蔵である。狩野は『自然真営道』の破天荒な内容に驚かされたばかりか、それを書いた人物の正体が皆目見当がつかないことであった。

唯一手掛かりになったのは序巻の「確竜堂良中見」と第二巻の真道哲論の「良中先生は藤原氏児屋根《こやね》四三代の統胤也、倭国羽州秋田城郡の住也」の「倭国羽州秋田城郡」であった。天児屋根命《あまのこやねのみこと》は「記紀」神話に登場する神で天岩屋戸《あまのいわと》の前で祝詞をあげてアマテラスの出現を祈る藤原氏の祖神である。

いずれにしても中身は難解で徳川体制を真っ向から批判するラジカルな内容である。徳川幕藩体制はもちろん明治末期の言論弾圧が激化するなかで公表するには二の足を踏む。しかも安藤昌益に関する本が一冊もない手探り状態のなかで、たとえ優れた漢学者の息子で抜群の知識をもつ狩野亨吉も当初は全くお手上げであった。

ところで狩野亨吉がどのようにして〝安藤昌益〟を発見したかについては、狩野亨吉を師とした渡辺大濤（一八七九―一九五八、新潟県生まれ）の『安藤昌益と自然真営道』か、拙著『漱石の時代』の五章の「狩野亨吉」をご覧いただきたい。

宝暦五年（一七五五）に出た安藤昌益の『自然真営道』が、明治三二年（一八九九）に狩野亨吉の手に入るまで一四四年経たことになる。『自然真営道』は渡るべき人物に渡った。宝暦五年というと奥羽中心に大飢饉に打ち壊しが多発した。いっぽう明治三三年には足尾銅山の鉱毒被害民が「押し出し」（デモ行進）を開始した年であった。

狩野亨吉が『自然真営道』を初めて手にしたとき、唯一の手がかりとなったのは「確竜堂良中見」と「倭国羽州秋田城郡」であった。後者の「倭国羽州秋田城郡」については、私の知見を述べて「おわりに」とする。

和銅二年（七〇九）エミシ征討のため日本海沿岸の最上川河口付近に造られた出羽柵《でわのき》が、二四年後の天平五年（七三三）さらに一〇〇キロメートル北の雄物川河口付近の秋田村高清水岡に移され、と同時に雄物川上流左岸の雄勝村（現雄勝町足田周辺）に郡がおかれた。

その三年後の天平八年（七三六）、陸奥按察使大野東人の要請により、持節大使藤原麻呂（藤原不比等の四男）が多賀城に派遣された。その最大の目的は多賀城から秋田城（日本海側）に至る直結の内陸道を開くためであった。雄勝柵は内陸部（横手盆地）の第一の経由地とされた。

それから二三年後の天平宝字三年（七五九）、藤原仲麻呂（不比等の長男武智麻呂の次男、当時、太政大臣）は坂東八ヵ国と越前・能登・越後の浮浪人二〇〇〇人を雄勝の柵戸とした。これは雄勝柵（城）を固めた律令国家はさらに雄物川下流域の北のエミシと北上川流域の一関・盛岡間のエミシを攻略するためであった。

俘囚の乱として有名な元慶《がんぎょう》二年（七八八）の乱が起こった頃は、秋田城では「秋田城介《あきたじょうのすけ》」が常設され、一〇〇〇人以上の兵が駐屯する北方の一大軍事拠点となった。

狩野亨吉が生れた大館一帯も秋田城の反乱に巻き込まれた地域なので、『自然真営道』の「倭国羽州秋田城都」という文字は狩野亨吉にとって何か特別なことを意味する言葉であったにちがいない。かつて秋田県鹿角郡と比内郡は陸奥国に属していた。

北上川に沿って北に一直線に遡り、奥六郡の最北の岩手郡まで来て、そこから津軽に出るには鹿角と比内郡を通る。この道は「奥大道」と呼ばれた。北上川上流の厨川《くりや》を出て、松川・

赤川の谷川沿いに遡り、七時雨《ななしぐれ》山の西山麓を鹿角郡に越え、比内を通って矢立峠から津軽平野に入る。奥大道はさらに平賀の岩館・韮崎・浪岡を経て、外ヶ浜の油川にいたる。

元慶の乱の賊地として一二の村、すなわち秋田県のほぼ北半分を占める上津野・火内《ひない》・椙淵《すぎぶち》・野代・河北・腋本《わきもと》・方口《かたぐち》大河・堤・姉刀《あねたち》・方上《かたがみ》・焼岡《たけおか》の地名が出ているが、その一つ「火内」村が大館になる。

前九年の役・後三年の役を経た後、奥州平泉藤原四代の泰衡（一一五五―一一八九、源義経の起居する衣川館を襲撃。義経と妻子を殺害し、義経の首を源頼朝に届ける）は、源頼朝の追討を受けて贄柵《にえのさく》の家来河田次郎のもとに逃れたが、逆に河田次郎に首を取られた。

泰衡が討たれた贄柵は比内（火内）村にあった。河田次郎は泰衡の家来とはいってもこの地の開発領主である。比内・閉伊・鹿角から外ヶ浜にかけては朝廷の力がおよばない奥州平泉政権の固有の支配地であった。

贄柵は古くから二井田と呼ばれ、贄の里という古地名も残っている。二井田の錦《にしき》神社は首のない泰衡の遺体を錦の直垂《ひたたれ》に包んで葬ったことからその名が残ったと言われている。河田次郎に斬られた泰衡の首は岩手県紫波郡陣ヵ丘に陣取っていた源頼朝に届けられた。その河田次郎も裏切り者として頼朝に処刑された。

また錦神社はJR花輪線（好摩駅・大館駅間一〇七キロ）の扇田駅北西の米代川と犀《さい》川に挟まれた犀川右岸にその錦神社がある。扇田《おうぎた》駅は大館の二つ手前の駅だ。安藤昌益の墓と石碑はこの錦神社の対岸にある。墓の所在地は大館市仁井田字贄の里二三二である。

狩野亨吉の生れた地は現在の大館市内三の丸だ。狩野の父良知は昌平黌《しょうへいこう》に学んだ漢学者であった。良知が書いた『三策』は吉田松陰の松下村塾から出版されている。昌平黌は林羅山（一五八三—一六五七）が一六三〇年幕府から上野忍岡に土地を与えられて開いた幕府直轄の学校である。

五代将軍綱吉が一六九〇年神田湯島に移転。林家が大学頭《だいがくのかみ》となり，官学としての昌平黌（湯島聖堂）が成立した。以後、寛政の改革で昌平坂学問所と改称され、明治三年（一八七〇）の学制改正により昌平黌と呼ばれた。

狩野亨吉は『自然真営道』に偶然に出会ったが、その出会いは必然であった。安藤昌益は秋田の人である。狩野亨吉も秋田の人である。言ってみれば安藤昌益は狩野亨吉にとって郷里比内村の大先輩である。

であればこそ、雄物川上流のほど近くに雄勝柵、すぐ近くの下流に八幡太郎義家が攻めた清原家衡（奥州平泉の祖清衡の異母弟）の居城沼柵《ぬまのさく》を郷里にもつ筆者林にとって、漱石の畏友狩野亨吉は誇るべきエライ大先輩であることを読者の皆様にお伝えしておきたい。

★　★　★

明治三八年一月一日は旅順のロシア軍が日本に降伏した年である。歓呼の渦巻く帰還兵を迎えた新橋で、漱石は一人《ひとり》万歳の声をあげることはしなかった。漱石はこの月、雑誌「ホトトギス」に『吾輩は猫である』を発表した。

ところで昨年〔二〇一四年〕から今年にかけて朝日新聞はなぜ『心』や『三四郎』の再連載を始めたのか。正直言ってその意図はどの辺にあるのだろうか。東京・大阪の両新聞が『心』の連載を始めたのは大正三年（一九一四）四月二〇日で、終わったのは八月一一日である。この年の七月二八日は第一次世界大戦が始まっている。その前月の六月二八日オーストリア・ハンガリー帝国の皇太子夫妻がセルビア人の民族主義者に暗殺された。八月上旬ドイツはロシア・フランスに宣戦布告することによって多くの死者と莫大な負債を負い、のちにヒトラーが台頭する原因となった。

朝日の『心』の連載から今年は一〇一年目である。世界の各地で間断なく起きている紛争（戦争）は誰もが心配だ。戦争は命・財産・平和を根こそぎに奪うからだ。時によっては亡国の民となる。

実際、今日（二月二一日）、イスラム過激派組織「イスラム国」による会社経営者とフリーのジャーナリストの七二時間（三日）以内の身代金要求事件が勃発した。一月一七日、安倍首相が最初の訪問国エジプトのカイロで中東六ヵ国対象に人道支援として二億ドル相当の支援を発表した直後の事件である。

と同時につい最近、日本政府は二〇一五年予算で計上する米軍普天間の名護市辺野古移設に向けた工事費を約一九〇〇億円前後に拡大する方針を出した。しかし沖縄県民は辺野古の軍事基地建設に反対している。その事実は〝オール沖縄〟による翁長《おなが》沖縄新知事の誕生によって明らかになっている。中東諸国の歴訪で「寛容な共生社会を作って行く」と演説した安倍首相は新軍事基地のために沖縄県民を力づくで排除しようとしている。戦後平和憲法日本の首相のこのような言動こそ、日本のマス・メディアは国内はもちろん世界に発信すべきである。

辺野古の新軍事基地反対は沖縄県民の戦後七〇年の長い体験から生まれた教訓である。私は、長い間、沖縄県民の正義と真理を学ぶことの少なかったことを、心から反省をし、誇りと豊かさにみちたあの古代歌謡を想い起こし、沖縄の再生の記念としたい。

またあまみやからおきなわ（アマミの世から今の沖縄まで）
たけておもはな（岳とは思わず）
又しねりやからみしま（シネリの世から今の御島まで）
もりておもはな（森とはおもわず）
（『おもろさうし』巻三、石渡信一郎『日本地名の起源』より）

二〇一五年一月二一日

林　順治

第四章　日本古代国家の秘密——隠された新旧二つの朝鮮渡来集団

◆はじめに

稀代のプロデューサー藤原不比等

新旧二つの朝鮮半島からの渡来集団による国家建設」を史実とする本書は、トンデモ本ではありません。トンデモ本は継体系王統（天武・持統＋藤原不比等）による「万世一系天皇」のイデオロギーでつらぬかれた『古事記』（七一二年）と『日本書紀』（七二〇年）です。

万世一系のイデオロギーとは、神話のアマテラスを祖とし神武を初代天皇とする綏靖《すいぜい》・懿徳《いとく》・孝昭《こうしょう》・孝安《こうあん》・孝霊《こうれい》・孝元《こうげん》・開化《かいか》……と続く天皇の系譜を指して言います。

この万世一系天皇を貫徹《かんてつ》するため初期律令国家の「記紀」（『古事記』と『日本書紀』）編纂者は、加羅から渡来した崇神・垂仁＋倭の五王「讃・珍・済・興・武」（旧の加羅系渡来集団）と百済から渡来した昆支（倭王武、応神）を始祖とする余紀（継体）等（新の百済系渡来集団）の隠蔽を図りました。

「万世一系天皇の物語」の総責任者兼プロデューサーは、大化の改新（六四五年の乙巳のクーデタ）で有名な鎌足の子藤原不比等です。したがって『古事記』が古く、『日本書紀』が新しいのではなく、『古事記』も『日本書紀』も藤原不比等とその配下の編纂者たちによって同時に創られたのです。不比等は旧加羅系渡来集団の祭司氏族の曾孫です。

しかし、「記紀」はすべて嘘で成り立っているわけではありません。『日本書紀』の場合、虚実半々です。そのため『日本書紀』編纂者は本体（実在の天皇）に対して多くの分身・虚像（実在しない天皇および皇子）・代役・伝説上の人物を創作しました。

例をあげますと、卑弥呼には神功皇后、昆支＝倭武に応神・日本武尊《やまとたけるのみこと》・神武天皇・景行天皇・武内宿禰《たけのうちすくね》、継体に仁徳天皇、ワカタケル大王（欽明）には允恭・雄略天皇や大臣蘇我稲目、大王馬子に用明・推古天皇と厩戸王《うまやとおう》と聖徳太子等々です。

そもそも対外的には旧の加羅系渡来集団（崇神・垂仁）は〝三角縁神獣鏡〟を、新の百済系渡来集団（天武・持統＋不比等）は〝記紀〟を創作し、前者は宗主国の宋（南朝）・北魏（北朝）、後者は隋と唐に対して建国の史実を偽って報告したのです。

『日本書紀』の国内向けの最大の作為は昆支（倭王武）の子であったワカタケル大王（欽明）を継体天皇の嫡子《ちゃくし》としたことです。つまりワカタケルによる日本古代史上最大の「辛亥《しんがい》のクーデタ」（五三一年）をなかったことにしたのです。

事実、『日本書紀』編纂者は辛亥のクーデタについては隠しきれないと判断したのか、「のちに勘合（照らし合わせて真偽を確かめること）する者があるだろう」と後世の人間に丸投げしています。しかし運よく二一世紀初頭の私たちは東アジアの古代史の五W一H「だれが、いつ、どこで、なんのために、どうしたのか」を明らかにする金石文をもっています。七支刀、好太王碑、隅田八幡鏡、武寧王墓誌、稲荷山鉄剣などです。

本書では日本古代国家形成の史実（「新旧二つの朝鮮渡来集団による国家建設」）を先学の研究や歴史・考古学的資料にもとづいて検証しました。しかしその内容は通説（「記紀」）とは一八〇度異なる世界です。しかしこれが本当の東アジアの中の古代日本の姿です。

いずれにしてもこれからは、あらゆる古代史本の合否（善し悪し）は、稲荷山鉄剣銘文の辛亥年が五三一年であれば「合」、それ以外かそれとも何も記述されていなければ大きく減点対象になるか歴史認識の欠如により「否」と判定されることになるでしょう。

〈追記〉日本古代史・考古学・民俗学・東アジア史の研究で数々の賞を受賞した上田正昭が『古代の日本そして朝鮮文化』（角川出版、二〇一五年三月）を出版しました。実は、私は『古代七つの金石文』（二〇一三年九月）の「あとがき」で、氏が『私の古代史』（新潮社、二〇一二年）で稲荷山鉄剣銘文の「辛亥年」を「四七一年」とし、「ワカタケル大王」を「雄略天皇」としていることの問題点を指摘しましたが、氏は『古代の日本そして朝鮮文化』でも「辛亥年」説を強調していますので、読者の皆様に予《あらかじ》めお知らせしておきます。

日本という名の呼称

ところで日本が〝日の丸〟の国旗を用いるようになったのはいつからでしょうか。〝日本〟という国名はいつ誰がつけたのでしょうか。誰でも知っているあのヤマトタケルは『日本書紀』には日本武尊、『古事記』は倭建命と書かれています。なぜ『日本書紀』と『古事記』とでは「ヤマト」の漢字表記（書き文字）が異なるのでしょうか。

そもそも『日本書紀』（七二〇年）が出来上った頃、「ニホンショキ」と読んだのでしょうか、それとも「ヤマトショキ」と読んだのでしょうか。『古事記』のヤマトタケルは「倭《やまと》は国のまほろば　たたなづく　青垣　山隠《やまごも》れる　倭《やまと》し　美《うるは》し」と詠《うた》っていますが、この倭は今の奈良県の大和《やまと》のことでしょうか。それとも大和＝邪馬台《やまたい》国のことでしょうか。

こんな事柄をあれやこれや考えているうちに、『続日本紀《しょくにほんぎ》』（以下、『続紀』）の文武天皇大宝元年（即位して四年目の七〇一年）正月元日条に次のような記事を見つけました。

文武天皇が並みいる官人の前に姿を現した大極殿の正門に烏形《うけい》の旗（先端に烏の像の飾り）を立て、左には日象《にちぞう》・青竜（東を守る竜）・朱雀（南を守る鳥）の旗、右側には月象《げつぞう》・玄武（北を守る鬼神）・白虎（西を守る虎）の旗を立て、蕃夷《ばんい》の国の使者が左右に分かれて並んだ。

この大極殿の日（太陽）と月を描いた旗は、高松塚古墳の石室（一九七〇年発見）の東西南北の壁に描かれた青竜（東壁）・白虎（西壁）・玄武（奥壁・北）・朱雀（南壁。盗掘のため確認できず）の四神にソックリです。青竜には太陽、白虎には月が描かれているのも同じです。

であれば文武天皇正月元旦の青竜・白虎に太陽と月を描いた旗は、おそらく日並知《ひなめし》（草壁皇子）の子として即位した文武が〝日嗣《ひつぎ》の皇子〟（日の御子＝アマテラスの子孫）が現御神《あきつみかみ》として大八嶋国＝日本を治めたことを慶賀する天皇家のシンボルであったのかもしれません。

『続日本紀』は、文武天皇元年（六九七）から桓武天皇延暦《えんりゃく》一〇年（七九一）までの九五年間の歴史を扱った『日本書紀』に続く日本の正史（歴史書）です。前半部分（三〇巻）は光仁天皇の命で石川名足《なたり》、淡海三船《おうみのみふね》らが編纂事業にかかわりますが、途中、トラブルのため光仁の子桓武天皇の命によって菅野真道《すがのまみち》らによって延暦一三年（七九四）に全四〇巻が完結します。

淡海三船（七二四―七八五）は天智天皇の子弘文天皇の曾孫ですが、天平勝宝三年（七五一）の臣籍降下《しんせきこうか》で淡海の氏姓を与えられ、御船王から淡海三船に名を改めました。淡海三船は神武から元正《げんしょう》まで四四代（四四人）の天皇の漢風諡号《かんぷうしごう》を一括選進した文人として広く知られています。

粟田真人ら遣唐使の派遣

『続紀』によると文武天皇が日象・月像・青竜・朱雀・玄武・白虎の旗で迎えられた正月一日から一ヵ月も経たない正月二三日、粟田真人《あわたのまひと》（民部卿）を遣唐執節使とする一行のメンバーが発表されます。その顔ぶれは高橋朝臣笠間（遣唐大使）、坂合部宿禰大分《さかいべのすくねおおさだ》（副使）、許勢朝臣祖《こせおおじ》（判官）らに無位の山上憶良《やまのうえのおくら》（記録係）などです。

しかし『続紀』大宝元年（七〇一）条には遣唐使一行がいつ出発したのか正確な日は記録されていません。「五月七日、入唐使の粟田朝臣真人に節刀（任命の印としての刀）を授けた」と書かれているので、出発は五月七日以降かもしれません。なぜなら大宝二年（七〇二）六月二九日条に「遣唐使一行らが去年九州から出港したが、風浪が激しく渡海が困難であった。この時ようやく動き出した」と書かれているからです。

気になるのは大宝元年の「八月三日、刑部《おさかべ》親王、藤原不比等、下毛野古麻呂らに命じて大宝律令を選定させていたがようやく完成した。この仕事にかかわった官人に身分に応じて禄を賜った」という記事です。

大宝律令の選定作業には粟田真人も深くかかわっているので、粟田真人も「禄を賜った官人」の一人に入っているはずです。であれば粟田真人ら遣唐使一行の出発は八月三日以降と見てよいでしょう。

粟田真人ら遣唐使一行がいかなる目的で派遣されたのか、『続紀』から知ることはできません。わかることは一行が出発してから四年後の文武天皇慶雲《きょううん》元年（七〇四）七月一日に大宰府《だざいふ》に帰国したことです。大宰府における粟田真人の談話が『続紀』慶雲元年七月一日条に次のように記録されています。

初めて唐に着いたとき人がやってきて「何処からの使人か」と尋ねた。そこで「日本国の使者である」と答え、逆に「ここは何州の管内か」と問うと、答えて「ここは大周の楚州塩城県の地である」と答えた。真人が尋ねて「以前は大唐であったのに、いま大周という国名にどうして変わったのか」というと、答えて「永淳二年に天皇太帝が崩御し、皇太后（高宗の后、則天武后）が即位し、称号を聖人皇帝と言い、国号を大周と改めた」と答えた。

問答がほぼ終わって、唐人がわが使者に言うには「しばしば聞いたことだが、海の東に大倭国《おおやまと》があり、君子国と言い、人民は豊で楽しんでおり、礼儀もよく行われているという。今、使者をみると、身じまいも大変清らかである。本当に聞いた通りである」と。言い終わって唐人は去った。

『旧唐書』の倭国伝と日本伝

ところが『旧唐書《くとうじょ》』（九四五年成立）という五代晋〔後晋（九三六―九四六）〕の時代の劉昫《りゅうく》（八八七―九四六）による中国の歴史書があります。この書の東夷倭国伝は「倭国伝」と「日本伝」に書き分けられています。その「日本伝」に粟田真人遣唐使のことが記録されています。これを読むと粟田真人ら一行が何の目的で遣唐使として派遣されたのか、その理由を読み取ることができます。

日本国は倭国の別種である。その国は日の昇る方にあるので、「日本」という名前をつけている。あるいは「倭国がみずからその名前が優雅でないのを嫌がって、改めて日本とつけた」ともいう。またあるいは「日本は古くは小国だったが、倭国の地を併合した」とも。

「日本人で唐に入朝する使者の多くは尊大で、誠実に答えない。それで中国ではこれを疑っている。彼らは「我が国の国境は東西南北、それぞれ数千里あって西や南の境はみな大海に接している。東界北界は大きな山があってそれを境としている。山外は毛人の国である」と言っている。

長安三年（七〇三）、その大臣の粟田真人が来朝して国の特産物を献上した。朝臣真人の身分は中国の戸部尚書（租庸内務をつかさどる長官）のようなものだ。彼は進徳冠（唐の制度の冠の一つで九つの球と金飾りがついている）をかぶって、その頂は花のように分かれて四方に垂れている。紫の衣を身に付けて白絹を腰帯にしていた。

真人は経書や史書を読むのが好きで、文章を創る事ができ、ものごしは温雅だ。則天武后は真人を鱗徳殿の宴に招いて司膳卿《しぜんけい》（食膳を司る官）を授けて、本国に帰還させた。

斉明天皇五年のエミシの記事

引用文中後半部分の長安三年から最後尾までは粟田真人ら七〇三年の記事で何らおかしくはありませんが、問題は傍点を含む「日本国は倭国の別種である」から「山外は即ち毛人の国なり」までの冒頭の部分です。

『旧唐書』はこの記事を貞観二二年（六四八）から長安三年（七〇三）の間においているので、「日本国」は七世紀後半から八世紀初めごろの古代日本国家とみてよいでしょう。というのは、東北の境にある「大山」は奥羽山脈の山々であり、その山外にある「毛人の国」は東北地方の蝦夷（以下、エミシ）の国と考えられるからです。

この「エミシの国」については『通典《つてん》』（唐の杜佑が著わした制度史の書）に「蝦夷国海島中の小国なり。その使鬚の長さ四尺、はなはだ弓矢を善《く》し……（略）。大唐の顕慶四年（六五九）一〇月倭国の使に従いて入朝す」と書かれています。

『通典』の顕慶四年は『書紀』斉明天皇五年（六五九）七月条の坂合部連石布《さかいべのむらじいわしき》・津守連吉祥《つもりむらじきさ》ら遣唐使派遣の記事と一致しています。この時の遣唐使は二人の道奥《みちのく》のエミシの男女を伴って渡唐しています。『書紀』はこの六五九年の遣唐使について約一〇〇〇字を費やして説明していますが、当時の日本古代国家は本州倭国の外に「エミシの国」があったことを知ることができます（『古代蝦夷と天皇家』石渡信一郎、三一書房）。

◆おわりに

屋根のない歴史博物館

蘇我王朝三代（馬子・蝦夷・入鹿）の飛鳥は〝屋根のない歴史博物館〟と言われています。事実、昨年（二〇一四）八月一四日、「奈良県高市郡明日香村の都塚《みやこづか》古墳が、国内では類例のない大型方墳であることがわかった」という新聞一面の写真入りの報道（朝日、読売）がありました。続いて五カ月後の今年（二〇一五）一月一六日には「奈良県高市郡明日香村川原の小山田遺跡で巨大な掘割が見つかった」という発表がありました。

しかし所在地が近接していることから、同じ発掘場所と錯覚される可能性もありますので、後知恵ですが都塚古墳をAとし、小山田遺跡をBとして説明します。

Aの都塚古墳の所在地は明日香村大字坂田小字ミヤコ九三八番地です。石舞台古墳（馬子の墓）の南東五〇〇メートルの高台にあり、ごく普通の円墳に見えますが石室内はすでに盗掘されています。明日香村教育員会と関西大学考古学研究室による昭和四二年（一九六七）と今回の発掘調査で東西四一メートル、南北四二メートルの方墳と判明しました。

Bの小山田遺跡は蝦夷と入鹿の居城甘樫丘《あまかしのおか》の南斜面にある明日香村川原の県立明日香養護学校の校舎建替え中の現場です。発掘調査は奈良県立橿原考古学研究所（略称橿原考古研）が行ないました。結果、県道と平行に東西方向に長さ四八メートルの掘割が見つかりました。橿原考古研は石舞台古墳（一辺五〇メートル）を上回る一辺五〇メートルから八〇メートルの方墳と推定しています。

Ｂの小山田遺跡の被葬者ですが、菅谷文則（橿原考古研所長）「遺構は、舒明天皇が改装される前の最初の葬地の可能性が高い」（朝日）、今尾文昭（橿原考古研）「舒明天皇」（朝日）、猪熊兼勝（考古学）「蝦夷・入鹿が甘樫丘の南端に舒明陵を改装させた」（朝日）、白石太一郎（大阪府立近つ飛鳥博物館館長）「七世紀前半から中ごろの飛鳥は蘇我氏の本拠地。蘇我氏と張り合った舒明がそこに墓を造ったとは思えない」（朝日、読売）とさまざまです。

一方Ａの都塚古墳ですが、白石太一郎「こんな特殊な方壇は国内では見たことはない。蘇我一族の有力者の一族だろう」（朝日）、猪熊兼勝「高句麗や百済で造られた石積の王墓に類似している。時期や地域から蘇我稲目が被葬者と考えられる」（読売）。

さて、皆さんはどうお考えですか。私はＡもＢも大王馬子亡き後の蝦夷（馬子の長子）と後継者争いをした境部摩理勢（馬子の弟）かその一族のものではないかと思っています。本書をもう一度ご覧ください。都塚古墳の現地説明会（二〇一四・八・一六）には四一〇〇人、小山田遺跡の説明会（二〇一五・一・八）には八〇〇〇人の参観者が行列をなしたそうです。

私が新聞で初めて知った小山田遺跡を訪れたのは今年の二月一四日（土）ですから、埋戻しも済んだ養護学校の校門の前には立ち入り禁止の看板が立っていました。ちなみに川原寺の西側に位置する小山田遺跡は、江戸時代は小山田村と呼ばれていました。

私は校舎北側の甘樫丘の南斜面の山道を迂回して校舎の西側に接している菖蒲池古墳《あやめいけ》をみて

から都塚古墳に向かいました。石舞台古墳の東側（多武峯山方向）の道を迂回する夕暮れ時、柿本人麻呂の〝御食《みけ》向ふ　南淵山の巌には……〟という歌をふと思いだした私は、折口信夫がこの歌を飛鳥から南に見える細川の山続きと、そのために隠れて見えない南淵村を詠っていると解釈した、まさにその地に都塚古墳があることに深い感動を覚えました。

第五章　エミシはなぜ天皇に差別されたか——前九年の役と後三年の役

◆はじめに

私の歴史認識

大人になってある事を知った私は、尚一層、自分の父の先祖は蝦夷（以下、エミシ）の末裔だったかもしれないと思うようになった。私は一一人兄弟姉妹の末子だが、私だけが東京世田谷の下馬で生まれた。小学校の一、二年生のころの私は母から七番目の兄昭二と八番目の姉八重子の間にもう一人男の子が生まれてすぐ亡くなったと聞いた。

父千代吉（明治二五年生れ）は郷里の深井で保呂羽山（出羽山地）に近い大森町から婿養子に入った祖父の後を継いで建築業（大工の棟梁）をしていたが、長兄英一（大正五年の生れ）の建築会社の手伝いを兼ねて昭和一三年に駒沢練兵場が近い世田谷の下馬に移住した。

しかし昭和一六年（一九四一）一二月の太平洋戦争の勃発（真珠湾攻撃）によって長兄をふくめて兄弟四人がそれぞれビルマ・ニューギニア・フィリピン・北支に出征することになった。

東京大空襲の一年前の昭和一九年三月、父母はお腹《なか》の大きくなった長兄の嫁出子と下四人の子を連れて郷里の秋田県平鹿郡福地村深井（現・秋田県横手市雄物川町深井）に引っ越した。

間もなくニューギアから二番目の兄雄二が復員してきた。しかしその兄は昭和二二年七月の雄物川洪水の翌年、マラリアの後遺症で亡くなった。母は二階の暗い部屋で私を自分の傍《かたわ》らに置き、「雄二、なぜ死んだ、なぜ死んだ」と兄の亡骸を揺さぶって大声で泣いた。連れ合いを失くした兄嫁米子は、生まれたばかりの子を亡くしたのでやむなく実家に戻った。

兄嫁の実家というのは浅舞町に隣接する吉田という村にあり、私は結納《ゆいのう》の「たるこしょい」（花嫁あるは花婿の家から行列で御祝の品の樽酒などを背負って運ぶ少年のことをいう）の役で花嫁の家を訪れ、大いに歓迎された。辺り一面が田畑のその家屋敷は杉林に囲まれた馬小屋を持つ大きな茅葺の農家であった。屋敷の前にかかった土橋の下の清流を鮮明に思いだす。

旧福地村深井は奥羽山脈と出羽山地に囲まれた横手盆地中央の出羽山地沿いの雄物川中流右岸の民家七、八〇軒からなる街道筋に沿う集落である。その集落を太平洋側の岩手県大船渡から北上《きたかみ》、横手そして浅舞を経由して日本海側の由利本荘に至る国道一〇七号線（本荘街道）が通過する。

横手から浅舞までは八キロ、深井までは一六キロ、出羽山地を横断して子吉川沿いの日本海に面する本荘まで四四キロである。当時、横手・本荘間をバスが砂埃《すなほこり》を上げて走っていた。隣家のいさば屋（魚屋）にとまるダットサン（日産の小型トラック）や馬そりから木箱に詰められたハタハタやサンマが降ろされるのを見た。

南の湯沢から北の大曲まで約四〇キロの横手盆地は南北に長い楕円形をしている。その地表は東が高く西が低い。したがって雄物川は西の出羽山地沿いに流れる。横手盆地の地層は奥羽山脈栗駒山系から流れる皆瀬川・成瀬川、横手川などの支川からの土砂の堆積作用による最も新しい沖積層である。

秋田・山形県境の大仙山（標高九二〇メートル）に発する雄物川は、横堀町で神室山《かむろ》（標高一三二〇メートル）に水源をもつ役内川、三関で高松川、十文字で栗駒山系からの皆瀬川・成瀬川、そして羽後町で出羽丘陵からの西馬音内《にしもない》川を入れ、角間川（現・大仙市）で横手川、大曲で玉川を併せて秋田平野に流れ出る。

江戸時代、雄物川上流の深井は土崎港から塩や魚が運ばれ、米や木材や野菜を積む船着き場であった。皆瀬川、成瀬川、西馬音内川を集めた雄物川は深井集落を通過するころは水かさも増え、雄物川橋の袂《たもと》の三吉山（出羽丘陵突端の五〇メートルの山。頂上から奥羽山脈と横手盆地と雄物川の上流・下流が一望できる）に当たる。三吉山から末館の約三〇〇メートルの山すその岩場と水深二メートルの緩やかな流れにアユやクキ、ヤマメやイワナが手掴みできるほど群がる子どもたちの楽園であった。

福地村深井は全国津々浦々のどこにでもある町や村に類するが、実は、一五〇〇キロも離れた古代・中世の平城京・平安京や大阪羽曳野《はびきの》市を流れる石川右岸の通法寺（廃寺）境内の源氏三代（頼信・頼義・義家）の墓や壺井八幡宮と深い関係がある。

深井から約七キロ上流の雄物川左岸の足田《たらだ》（西馬音内《にしもない》町に隣接）に秋田城に至る道を作るた

めに大野東人（?―七四二、陸奥鎮守府将軍）が造った雄勝柵（七三三年）や藤原朝獦《あさかり》（?―七六四、藤原仲麻呂の四男）が創建したという雄勝城跡（七六〇）がある。

また深井から二キロ下流の雄物川両岸には後三年の役（一〇八三年）の清原家衡が籠った沼柵（横手市雄物川町沼館）と矢神八幡神社がある。雄勝柵と沼柵は中央政府（朝廷）のエミシ征討と密接な関係がある。家衡はその後横手金沢柵に移るが、沼柵では積雪を防壁に数千の源義家の率いる兵を苦しめた。沼柵に近い造山《つくりやま》（雄物川町造山）の蝦夷《えぞ》塚古墳（推定七〇〇―八〇〇年）から二種類の勾玉（京都国立博物館と雄物川町教育委員会が所蔵）が出土している。

雄勝城柵と沼柵は約三五〇年の開きがあるが、その間に元慶二年（八七八）のエミシの反乱がある。この反乱の鎮圧のため朝廷が出羽国に派遣した藤原保則と小野春風は山北三郡（仙北・平鹿・雄勝郡）の俘囚（エミシ）の協力を得て雄物川以北のエミシの反乱を収拾した。

元慶の乱の際、藤原保則の下で働いた権掾《ごんのじょう》清原令望《よしもち》（秋田城介）は、前九年の役（一〇六二年）の安倍貞任追討で源頼義（義家の父）の参謀となった俘囚長清原武則の遠祖と考えられる。

元慶二年（八七八）の乱後、秋田城介として出羽国に土着化した清原令望は、エミシの首長（俘囚長）清原武則と姻戚関係を結んだ。その清原武則の居城は雄物川の上流成瀬川の右岸の真人《まと》山（横手市増田町）と推定されている。

高校を卒業する一年前（一九五九）の春五月、級友中村徹君が誘ってきてくれた浅舞中出身の女子高生五人と真人山で楽しく遊んだ晴れた日の思い出は消えない。

前九年の役の小松柵（岩手県一関市）の攻略で活躍した清原武則の第一陣の兵士深江是則（平鹿郡）は、藤原保則に助力して外従五位下を叙位された深江三門の末裔であろう。このように横手盆地（仙北・平鹿・雄勝）の俘囚は朝廷の夷を以て夷を征する政策によって官軍（朝廷側）に味方しているが、彼らが俘囚エミシであることに変わりはない。

本書はよくある自叙伝や郷土史ではない。とは言って単なる歴史書でもない。したがって冒頭のある事について述べておかなければならない。出版社に入社してから一六年後の一九八八年（四八歳）の春、私は著者仲間の一人から在野の古代史研究者石渡信一郎氏を紹介された。氏はすでに都立高校の英語教師を辞めて札幌市郊外の白石でアイヌの研究をしていた。

当時の私の歴史認識といえば、菅江真澄が「雪の出羽路」「月の出羽路」でよく引用する『陸奥話記』の前九年・後三年役であったが、ベルリンの壁が崩壊する三ヵ月前の一九八九年（一・七、昭和天皇死去）の夏、石渡氏から『日本古代王朝の成立と百済』（私家版）が送られてきた。その時ふと「深井のはずれの雄物川の河原に接して高く聳えていたあの八幡神社とその神について何か書いているかもしれない」と思った私は、急いで頁をめくっていった（当時、私の関心は「故郷喪失」と「神の概念」にあったのでフロイトの『モーセと一神教――もしモーセがエジプト人であるならば』と旧約聖書のモーセ五書を読んでいた）。

すると、『日本古代王朝の成立と百済』の第九章の終りに「昆支の神格化・八幡神」とある。そして今度は前の頁をめくった。「第六章　百済王族余昆（昆支）＝応神天皇」とある。

いったい、なぜ、百済から渡来した王子昆支が日本全国津々浦々の町や村に祀られている八幡神＝応神天皇なのか⁉　その百済の王子が大阪羽曳野《はびきの》市の日本最大の古墳誉田《ほむた》陵（伝応神陵、全長四二〇メートル）に埋葬されていることを知った私の驚きは計り知れない。

その後間もなく私は「日本古代国家は新旧二つの朝鮮半島からの渡来集団によって建国された」という石渡信一郎の仮説が日本の歴史＝天皇の歴史の秘密を解く命題であることを理解した（拙著『日本古代国家の秘密』参照）。

以来私は『応神陵の被葬者はだれか』から『蘇我大王家の飛鳥』まで石渡信一郎氏の著作（一二冊）を編集担当したが、出版社の編集者を退職してから現在まで、石渡信一郎の命題を受けて〝国家〟と〝私〟の出自解明の執筆に専念している。フロイトは「国家の形成は人間の神経症の発生に類似する」とも「神経症状に似た結果こそ宗教という現象にほかならない」と語っている（拙著『天皇象徴の日本と〈私〉1940-2009』参照）。

そして本書もその一冊であることに相違はないが、日本古代国家成立＝天皇の歴史（朝鮮渡来集団による国家の建設）が天皇による先住民エミシへの差別と侵略と支配なくしてはあり得ないことを知るならば、従来の日本の古代・中世おける東北の人・歴史・地理観を大きく修正せざるを得ないことを皆様に予め御承知おきいただきたい。

秋田城と狩野亨吉

狩野亨吉《かのうこうきち》（一八六五―一九四二）が友人漱石の勧めで熊本五高の教授から一高の校長になっ

たのは、明治三一年（一八九八）のことである。この年、狩野は江戸時代の思想家安藤昌益（一七〇三―六二）の『自然真営道』（一〇〇巻九三冊）の原本を手に入れた。

しかし当時、狩野はその本の書き手がどんな名前なのか、いつ、どこで、なんのためにこのような膨大な本を書いたのか知ることができなかった。狩野にとって唯一手掛かりになったのは「倭国羽州秋田城郡」と「確竜堂良中見」という出身地と名前らしき二つの文字群であった。

亭吉の生れた地は現在の秋田県大館市内三の丸である。亭吉の父良知《りょうち》が書いた『三策』（尊王開国論）は、嘉永六年（一八五三）東北旅行中の長州藩士吉田松陰（一八三〇―五九）が「相馬大作事件」（一八二一年の南部藩士・下斗米秀之進を首謀者とする津軽藩主を襲ったテロ事件）の聞き取りをするため大館に立ち寄った際に持ち帰り、のち松下村塾《しょうかそんじゅく》から出版されている。

『自然真営道』の「倭国羽州秋田城郡」という文字は、狩野亭吉にとって何か特別なことを意味する言葉であったにちがいない。ここで読者の皆様にお断りしておかなければならないのは、「倭国羽州秋田城郡」の〝秋田城〟は、狩野亭吉の父良知が命名したという今の千秋《せんしゅう》公園の久保田城跡（佐竹藩）とは時代も場所も異なることである。

これから述べる秋田城は、初期律令国家（八世紀）が築造した出羽国秋田の城柵である。秋田城柵があった地は、律令国家以前の『日本書紀』斉明天皇四年（六五八）四月条に書かれている飽田《あぎた》の浦、室町時代の末期には三津七湊《さんしんしちそう》と呼ばれ、七湊の一つ雄物川河口の現在の土崎港の近くにある巨大な城柵跡である。『日本書紀』斉明天皇四年（六五八）四月条に次のように書かれている。

安倍比羅夫《あべのひらふ》は船軍一八〇艘率いて蝦夷《えみし》を討伐した。飽田《あぎた》・渟代《ぬしろ》二郡の蝦夷はこの船軍を遠望して怖気づき、降伏したいと願いでた。そこで軍兵をととのえて船を飽田浦に連ねた。飽田の蝦夷恩荷《おが》は進み出て、誓約して「官軍に刃向うために弓矢を持っているのではありません。ただ私どもは肉を食う習慣があるために弓矢をもっているのです。もし官軍に刃向うために弓矢を準備したのなら、飽田浦の神がご存知でしょう。清白な心をもって朝廷にお仕えします」と言った。

これによって恩荷に小乙上（一九階冠位の第一五）を授け、渟代・津軽二郡の郡領を定めた。そしてついに有間浜（雄物川河口説と青森県西部の深浦・鯵ヶ沢説と十三湊説がある）に渡島（北海道）の蝦夷どもを招集して大いに饗宴した。

秋田城エミシの反乱＝元慶の乱（八七八年、後述）の約八〇年前の天皇は元明（女帝）、左大臣が石上麻呂《いそのかみ》、右大臣が藤原不比等の元明天皇和銅二年（七〇九）、初期律令政府はエミシ征討のために造った最上《もがみ》川河口付近の出羽柵《でわのき》を、二四年後の天平五年（七三三）には、一三〇キロメートル北の雄物川河口（現・土崎港）付近の秋田村高清水岡に秋田城柵を造った。と同時に内陸部の横手盆地雄物川上流左岸の雄勝村（現・秋田県雄勝郡羽後町足田周辺）に郡を置いた。

藤原恵美朝獦建立の多賀城碑

天平八年（七三六）、陸奥按察使《あぜち》大野東人の要請により、持節大使藤原麻呂（藤原不比等の四男）が多賀城に派遣された。最大の目的は多賀城から秋田城柵（日本海側）に至る直結の内陸道をつくるためであった。その後、雄勝柵は秋田城柵に至る内陸部（横手盆地）の第一の経由地とされた。

二三年後の天平宝字三年（七五九）、藤原仲麻呂（不比等の長男武智麻呂の次男、当時、太政大臣）は坂東八ヶ国と越前・能登・越後の浮浪人二〇〇〇人を雄物川上流の雄勝の柵戸《きのへ》（開拓民）とした。これは雄勝柵（城）を固めた律令国家はさらに雄物川下流域の北のエミシと、北上川流域の日高見国（一関・盛岡間）のエミシ攻略を再開するためであった。

藤原仲麻呂の四男藤原恵美朝獦《あさかり》が多賀城修復を記念して「壺の碑」（多賀城碑）に「京去一千五百里　去蝦夷国界一百里　去常陸国四百十二里　去下野国二百七十四里　去靺鞨国界三千里」と刻んだのは天平宝字六年（七六二）一二月一日である。

藤原朝獦が多賀城を修復してから一一七年後の元慶《がんぎょう》二年（八七八）のエミシの反乱の時には、秋田城は秋田城介《あきたじょうのすけ》が常駐し、一〇〇〇人以上の兵が駐屯する北方の巨大な軍事拠点となった。

奥州平泉第四代の藤原泰衡

当時、内陸の秋田県鹿角郡と比内郡は陸奥国に属していた。北上川上流の厨《くりや》川を出て、松川・赤川の谷川沿いを遡《さかのぼ》り、七時雨《ななしぐれ》山の西山麓を鹿角郡に越え、比内を通って矢立峠から津軽平野に入る。この道は「奥大道」と呼ばれた。奥大道はさらに平賀の岩館・韮崎・浪岡を経て、外ヶ浜の油川（青森県津軽半島東部の陸奥湾沿岸）にいたる。

秋田城反乱の賊地（エミシの地）として、上津野《かずの》・火内《ひない》・椙淵《すぎぶち》・野代・河北・腋本《わきもと》・大河・堤・姉刀《あねたち》・方上《かたがみ》・焼岡《やけおか》の地名が出ているが、その一つの「火内」村が今の大館になる。

前九年の役・後三年の役（後述）を経た後、奥州平泉藤原第四代の泰衡（一一五五―一一八九。源義経の起居する衣川館を襲撃。義経と妻子・郎党を殺害し、義経の首を源頼朝に届ける）は、源頼朝の追討を受けて贄柵《にえのさく》の家来河田次郎のもとに逃れたが、逆に河田次郎に首を取られた。

泰衡が討たれた贄柵は比内（火内）村にあった。河田次郎は泰衡の家来とはいってもこの地の開発領主である。比内・閉伊・鹿角から外ヶ浜にかけては朝廷の力がおよばない奥州平泉政権の固有の支配地であった。

贄柵は古くから二井田と呼ばれ、贄の里という古地名も残っている。二井田の錦神社は首のない泰衡の遺体を錦の直垂《ひたたれ》に包んで葬ったことからその名が残ったと言われている。河田次郎に斬られた泰衡の首は岩手県紫波郡陣ヶ丘に陣取っていた奥州討伐軍の将軍源頼朝に届けられた。裏切り者として頼朝に処刑された河田次郎の首塚は今も遺跡陣ヶ丘にある。

また錦神社はJR花輪線（好摩駅・大館駅間一〇七キロ）の扇田駅北西の米代川と犀《さい》川に挟まれた犀川右岸に鎮座している。扇田駅は大館の二つ手前の駅だ。安藤昌益の墓と石碑はこの錦神社の対岸にある。墓の所在地は大館市仁井田字贄の里三三である。

以上、秋田城の反乱までとその後の陸奥・出羽国の事情を概観したが、本書は東北の先住民エミシとその末裔に対して、新旧二つの加羅系と百済系の朝鮮渡来集団を出自とする天皇と藤原氏とその爪牙《そうが》（軍事集団）となった源氏が白河の関（福島）を越えてどのような侵略・支配を行ったか、その戦争・反乱・支配・差別の実態を物語ることにする。

◆おわりに

源氏の悲劇

八幡太郎義家は金沢の柵の攻略では清原清衡や吉彦秀武の力を借りた。新野直吉も「清原氏の半分を最大限に利用して清原氏の他の半分に勝った」（『古代東北の覇者』）と指摘しているように、太政官《だじょうかん》ら（律令国家の最高機関の面々）は奥羽俘囚の統治は実力のある「俘囚の長」に任せることにした。したがって太政官らは、義家が私兵をもって清原氏宗家を滅ぼしたことを決してこころよくは思わなかったのである。

義家が一二月二六日に家衡・武衡らを斬ったことを太政官に報告したにもかかわらず、朝廷から何の反応なかったことは『後三年記』末尾の義家の国解《こくげ》（諸国の国司が太政官または所管の官庁に提出した公文書）からも知ることができる。

翌、寛治二年（一〇八八）正月二五日、太政官は藤原基家を陸奥守に任じて、義家と交替させている。寛治二年当時の天皇は堀河、院政が白河上皇（法皇）、摂政関白が藤原師実《もろざね》であった。ちなみに太政官とは、奈良時代から始まる司法・行政・立法を司る最高行政機関である。

一方、清衡（安倍貞任の妹と亘理大夫経清の間にうまれた子）は本拠地を江刺郡豊田館（奥州市江刺区岩谷堂字下苗代沢、JR水沢駅の東側）において勢力の拡大を図った。後三年の役が終わってから五年後の寛治五年（一〇九一）、清衡は関白藤原師実に貢馬するなどして藤原氏と交流を深め、また柴田郡の大高山神社（宮城県柴田郡大河原）・刈田郡刈田嶺神社（宮城県刈田郡蔵王町遠刈田温泉仲町二）の年貢金を代納している。

しかし寛治六年（一〇九二）六月、陸奥守基家の解文《げぶん》（報告）によると清衡に合戦の企ての嫌疑がかけられているが、この頃、清衡は押領使になったとみられる。この年（寛治六）陸奥守基家が病死しているが、その後の陸奥守は基家の病死から基頼の陸奥守着任まで一一年間に五人（源義綱→源有宗→源国俊→藤原実宗→藤原基頼）が交替している。

実は源義綱（兄が義家、弟が義光）の陸奥守着任は義家の人気上昇をこころよく思わなかった白河上皇の差し金と言われている。しかし義家の弟義綱の陸奥守は遥任《ようにん》であった。遥任とは国司が任国へ赴任しないことを言うが、遥授《ようじゅ》ともいう。遥任国司は目代と呼ばれる代理人を現地へ派遣するなどして、俸禄・租税などの収入を得るのである。白河上皇は義綱を厚遇することによって兄義家と弟義綱の分断を謀ろうとしたのである。

寛治七年（一〇九三）出羽守源信明が平師妙と子の平師季に襲撃され殺害されるという事件が起きた。出羽国に隣接する陸奥国守を務めていた義綱に追討が命ぜられたので、義綱は自ら下向する前に郎党（家来）を派遣した。その郎党は師妙を斬り、乱を鎮圧した。義綱はその功で従四位下に叙せられ美濃守に転任している。

康和五年（一一〇三）、藤原実宗の次に着任した藤原基頼（藤原道長の次男頼宗の子俊家を父にもつ）は、八年間（二期）陸奥守を務める。この時はすでに奥州平泉は初代清衡（一〇五六―一一二八）の時代に入っている。

ということは、白河上皇による源氏抑圧政策のもとで、長治二年（一一〇五）、初代藤原清衡は陸奥平泉に最初院（中尊寺）を建立したことになる。しかし白河院政のもう一つ大きな目的は藤原摂関家の権威を抑制することにあった。

源氏は当初藤原摂関家の爪牙《そうが》として台頭したが、白河上皇が摂関家藤原氏の勢力をそぐためには藤原氏家人の源氏の武威も同時に落とさなければならない。白河天皇下の朝廷が義家の後三年の役に官符（太政官が管轄下にある官司に下した文書）を出さなかったのもそのためである。

したがって白河天皇の院政（上皇）の開始（一〇八六・一一・二六）以降、義家は源氏一門の棟梁としてさまざまな試練を受けることになる。白河上皇の源氏抑制策は、義家の弟義綱に対する厚遇と義家の冷遇によって兄弟同士の対立・諍いを増幅させることであった。

一方、義家の弟義光（佐竹・武田の祖）と義家の子義親《よしちか》（源為義の父）・義国（新田・足利の祖）の子息は関東に土着して私的主従関係をむすび武士団を形成する。

義家と義綱の争いは義家の郎党の藤原実清と義綱の郎党の則清の河内国にある所領の領有権

〔清和源氏〕

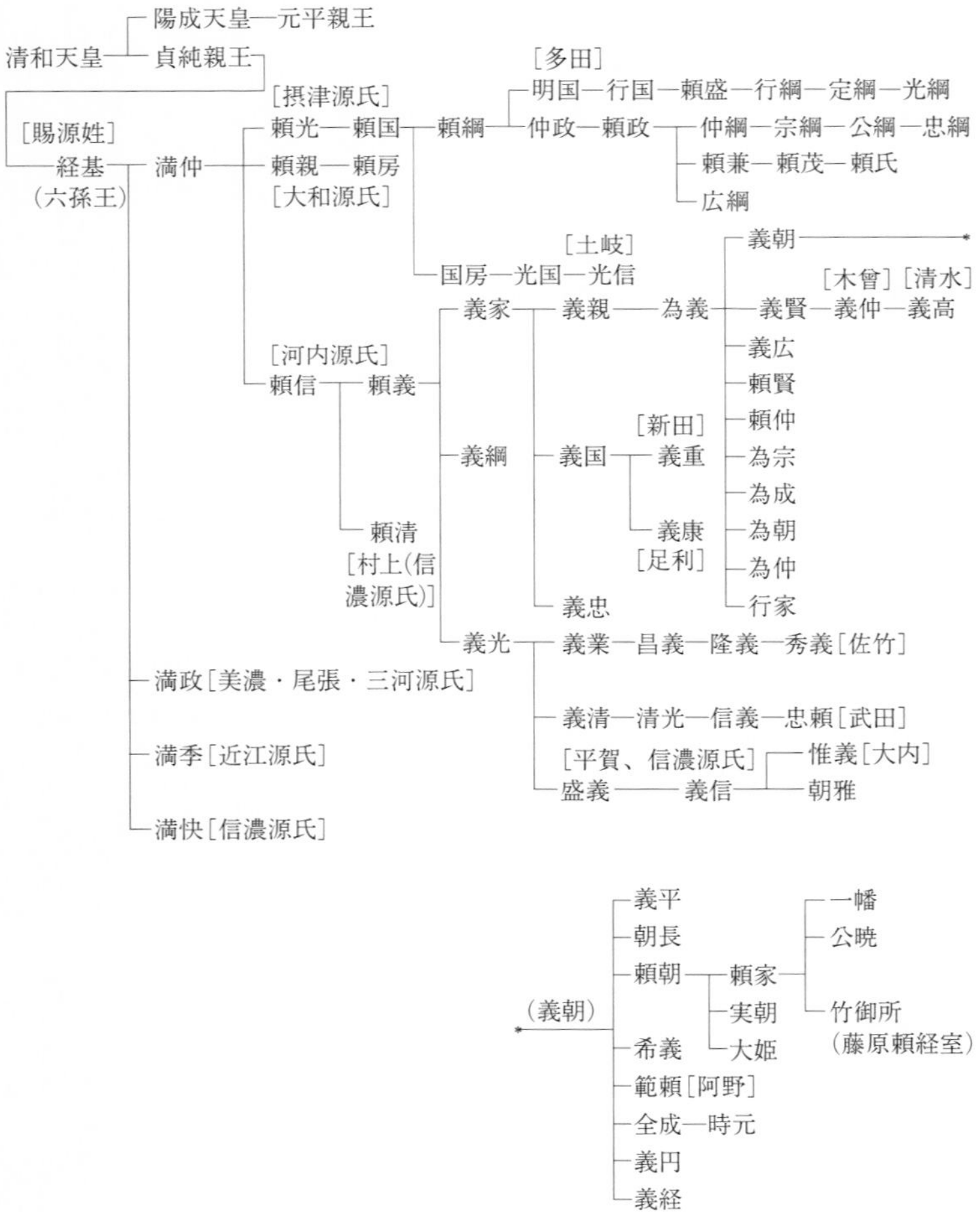

陽成天皇—元平親王
清和天皇
貞純親王
[賜源姓]
経基
(六孫王)
満仲
[摂津源氏]
頼光—頼国
頼親—頼房
[大和源氏]
頼綱
[多田]
明国—行国—頼盛—行綱—定綱—光綱
仲政—頼政
仲綱—宗綱—公綱—忠綱
頼兼—頼茂—頼氏
広綱
[土岐]
国房—光国—光信
[河内源氏]
頼信
頼義
義家
義親
為義
義朝
[木曽]
[清水]
義賢—義仲—義高
義広
頼賢
頼仲
為宗
為成
為朝
為仲
行家
義綱
義国
[新田]
義重
義康
[足利]
義忠
頼清
[村上(信濃源氏)]
義光
義業—昌義—隆義—秀義[佐竹]
義清—清光—信義—忠頼[武田]
[平賀、信濃源氏]
盛義
義信
惟義[大内]
朝雅
満政[美濃・尾張・三河源氏]
満季[近江源氏]
満快[信濃源氏]
(義朝)
義平
朝長
頼朝
頼家
一幡
公暁
竹御所
(藤原頼経室)
実朝
大姫
希義
範頼[阿野]
全成—時元
義円
義経

に端を発したが、紛争が遠国で起きたのであればいざ知らず、京都を舞台にしたのだから誰も抑える者がいない。

ようやく関白藤原師実が義家と義綱の諍いの仲裁に入ったが、いずれも「相手側が襲撃してくるとの風聞があるので、防備のため兵を整えているにすぎず、こちらから向うを攻める意志はない」と言って譲らない。

この事件は実際の戦闘にいたらなったが、所領の安全を期すための義家への地方からの土地の寄進が絶えることがなく、むしろ増加したのである。そしてついに寛治六年義家への土地寄進が禁止された。

白河上皇の義家に対する冷遇、義綱に対する厚遇策も、結局、義綱が力をつけることによって源氏一族全体の勢力が一層強まることになった。思うようにならなくなった朝廷は後三年の役の未払いの恩賞を義家に支払うことにした。

承徳二年（一〇九八）、朝廷は義家に正四位下を授与し、昇殿を許した。義家は寛治八年（一〇九四）の義綱に叙位された従四位下の位をようやく越えることができたのである。しかし当時の貴族社会は「義家朝臣天下第一武勇の士なり、昇殿を許され、世人（貴族）甘心（納得）せざるの気あるか」（『中右記』）と不満気である。

一方、官職を捨て金沢の柵の攻略に馳せ参じた新羅三郎義光は、勝手な振る舞いのため貴族社会では評判が悪かった。後三年の役後の義光についての史料が少なくはっきりしたことがわからないが、子孫は多く関東に土着した。系図によれば義光の系統から甲斐の武田、常陸の佐竹、信濃の小笠原などの豪族がでている。

藤原忠実《ただざね》の日記『殿暦《でんりゃく》』によると、長治二年（一一〇五）二月一八日、義光は康和五年（一一〇三）のころ刑部丞《ぎょうぶのじょう》（正四位下相当）の官を有し、勅命によって上京している。

康和五年というと、その前年（康和四年）の五月延暦寺の僧徒は仁源を法成寺《ほうじょうじ》（藤原道長によって創建された摂関期最大の寺。京都市上京区荒神通町東入北側に法成寺址）の長吏《ちょうり》（検校）とするよう左大臣藤原忠実に強訴《ごうそ》して、延暦寺と園城寺が諍いを起こしている。また、この年の八月五日興福寺の僧徒が蜂起したので、白河上皇は興福寺僧徒の入京を防ぐために宇治川橋を破壊させている。

また、一年前（康和三年）には義家の長子で対馬守の義親（義国の兄）が九州で乱行を働き、興和四年一二月二八日、隠岐島に流罪となっている。武士団の台頭と藤原氏による影響力の低下、大寺社同士（延暦寺・興福寺・東大寺・石清水八幡宮）の争いに平正盛（平清盛の祖父、出羽守正衡の子。源義親の追討によって名をあげる。伊勢・伊賀に本拠をおく）が加わるなかで、やむなく義光が召喚されたのであろう。

義光の本拠は常陸国久慈郡佐竹郷（現・茨城県太田市）である。義光が子の義業《よしなり》に常陸の豪族平重幹《しげもと》の孫娘と結婚させて生れた源昌義が佐竹藩の祖となる（『尊卑分脈』・『佐竹系図』）。

平重幹は平良望《よしもち》（桓武天皇の孫高見王の子。賜姓平氏の祖。国香・良兼・良将（平将門の父））の五代孫で早くから常陸筑波郡に代々常陸大掾《だいじょう》（中央から派遣された官吏。四等官である守・介・掾・目等を指す）の軍事貴族であった。

東国で活躍した同じ源氏の一員に義国がいる。義家の次男義国（義親の弟、新田・足利の祖）は、義家が後三年の役で奥州に向かう途中、下野国足利庄で在地領主足利太郎大夫の娘を娶って生ませた子である。義国は父義家と在地豪族足利一族の力を背景に下野・上野一帯に勢力を拡大した。

義国は久安六年（一一五〇）に京都で帯刀長《たてわきのおさ》（皇太子の護衛官）となったが、右近衛大将の大炊御門実能《おおいのみかどさねよし》との諍いになり、実能の本邸を焼き払ったので、下野国足利の別業に籠居の身となった。その数年後に亡くなっている。

天皇・藤原氏の爪牙源氏一門

源氏台頭の抑制策をとる中央政府（朝廷）は、義家の弟義光や子の義国を昇進させることによって現地の活動を抑圧した。しかも源氏一門の棟梁義家を通して命じさせ、その責任を義家に取らせた。義親（義家の嫡子）による西国における乱闘事件も、中央政府は義家にその召喚を命じている。義家は自分の子の義親を呼び戻そうとしたが果たせなかった。

後三年の合戦から凱旋した義家が院の昇殿を許されたのは承徳二年（一〇九八）の六〇歳の時であった。しかし義家といえども従来通り京都の防衛や天皇の警護に奉仕しなければならない。当時、大寺院の上級僧侶（学侶＝修行僧）と下級僧侶（大衆＝僧徒）の争いが頻繁に発生した。義家や義綱も比叡山の東西の坂下を警護した。

その頃、神仏の威力を借りた大衆《だいしゅ》は「山法師」と呼ばれ、白河上皇をして〝意のままになららないものは、加茂川の水と双六の賽《さい》と山法師〟と嘆かせた。こうした天皇の意のままにならない大衆を鎮圧するためには義家や義綱ら源氏の武力に頼らざるをえない。

先に述べた嫡男義親の西国の乱闘事件は、義家の武人としての誇りと天皇・藤原氏に奉仕しなければならない義家晩年の煮え切れない二重生活の時期に起った。義家には義宗・義親・義国・義忠の四子がいたが、長子義宗は早世し、義親の母は三河守源隆長の女であった。義親は勇猛であったが、いわゆる乱暴者であった。

平正盛と源頼親

源義親は対馬守として九州にいたが、大宰大弐（大宰府長官）の大江匡房《まさふさ》（一〇四一―一一一一。平安後期の歌人・儒学者）に告発され、朝廷は京都から追討使を派遣することを決定し、義家に義親を召喚するように命じた。義家は郎党の資道を追討使に同行させたが、資道は義親に味方して追討使を殺害したという説（『殿暦』および『中右記』）や義家が資道に命じて殺させたという説もある。

康和四年（一一〇三）一二月、朝廷は義親を隠岐島に流罪とした。しかし義親は九州から出雲国に移動したという説もあり、特定できる史料もないのではっきりしたことはわからない。義親は出雲でも乱暴を働き、出雲の目代を殺害する。いよいよ嫡子義親を追討せざるを得なくなった義家だが、嘉承元年（一一〇六）七月、世を去った。源氏の嫡流は四男の義忠が継いだが、義親の子為義（為朝の父、頼朝の祖父）が義忠の養子となった。

白河上皇の強い意志を背景とする朝廷側は義家の死を義親追討のチャンス到来とみて、伊勢平氏の平正盛（先述）を抜擢した。追討使の命を受けた正盛は嘉承二年（一一〇七）一二月に京都を出発し、翌年の嘉承三年（天仁元年）正月六日に義親とその郎党五人の首を斬り、翌月二九日に上洛した。

この報告を受け取った白河上皇は、堀河天皇の諒闇《りょうあん》（天皇が父母の喪に服すること）中であるという理由で、首の受け取りをあとまわしにして正盛の上洛をまたずに論功行賞を行った。正盛は因幡守から第一国の但馬守、その子盛康は右衛門尉、同じく盛長は左兵衛尉という具合に位をあげた。この論功行賞は白河上皇の源氏冷遇、平家厚遇の最たる例である。

『中右記』の著者藤原宗忠は次のように指摘している。「彼の身未だ上洛せずと雖も、先ずこの賞あり、件の賞は然るべしと雖も、正盛は最下品《さいげぼん》の者なり」「軍功と雖も、而も最下﨟《さいげろう》の身、第一国に任ぜらる。世、甘心せず」と白河上皇を批判している。

しかし、正盛の上洛の光景を間近に見た藤原宗忠は「見物の上下車馬道を挟《さしは》み、凡《おおよ》そ京中の男女道路に盈満《えいまん》（満ちあふれること）す。人々狂うが如し」と記している。以降、平正盛の地位は急上昇し、平氏も源氏と同じように僧徒の乱暴狼藉の防衛に当たるようになった。

源氏は義家の死後、表面上は義家の四男義忠が為義を後嗣《あとつぎ》としたが、義光・義綱の兄弟同士の対立が激化した。当時、義忠は検非違使・左衛門尉であったが、天仁二年（一一〇九）に何者かに暗殺された。義綱父子は義忠殺害の疑いをかけられ逃亡したが、近江の山中で源為義（当時一六歳）に捕縛され、義綱は出家、長男義弘・次男義俊は自害、三男義明は義忠殺害の張本人として追討された。四男・五男・六男もそれぞれ自害した。

事件の発端となった義忠暗殺は、義綱の三男義明を匿《かくま》った滝口季方（『奥州後三年記』に登場する〝豪の者〟の腰滝口季方）の命を受けて襲ったことが判明した。一人残った義綱は佐渡に流罪となり、のち殺害された。

一説によれば義忠暗殺事件は、もう一人の叔父義光の仕業であるとも言われている（『尊卑文脈』義光条）。しかしその真偽はあきらかではないが、源氏一族の争いに朝廷の終始一貫した源氏抑圧、平氏厚遇の方針が事件の真相と考えられる。

義綱追討を果たした為義だが、父祖とおなじ源氏に因縁の深い陸奥守を望んだが、朝廷はこれを認めず、検非違使・左衛門尉とした。その官位は源為義一代の間続き、嫡子義朝の代となって下野守を受領した。

その為義も白河法皇・鳥羽上皇に仕えるが、検非違使を辞任。その後摂関家の藤原忠実頼長父子に接近して勢力の回復を図る。しかし八男源為朝の乱行により解官《げかん》となる。

保元の乱では為義は崇徳上皇方の武将として戦うが敗北し、後白河天皇方の長男源義朝の手で処刑されたことは御承知の通りである。

源氏三代源頼信・頼義・義家の墓

源氏三代源頼信・頼義・義家の墓のある通法寺跡を訪れるには、安倍野駅発の近鉄長野線の喜志《きし》駅で降りて東口のバス乗り場に出るとよい。太子四つ辻というバス停を降りてから国道に沿って北へ七、八分歩くと壺井の集落に入る村道がある。その数十メートル前方右手に「頼信・義家の墓」という標識が立っているのでわかりやすい。

先のバスは二上山西山麓の聖徳太子の菩提寺叡福寺《えいふくじ》のある太子前（南河内郡太子町太子）が終点だ。叡福寺の境内には太子の墓（叡福寺北古墳あるいは磯長《しなが》陵と呼ばれる）がある。また近辺には敏達・用明・推古・孝徳天皇の墓（陵）があり、「王陵の谷」とも呼ばれている。したがって通法寺跡と叡福寺はほぼ接していると言ってよい。

通法寺跡を訪れるにはもう一つのコースがある。近鉄長野線だと古市《ふるいち》駅（応神陵が近い）で近鉄南大阪線（橿原神宮方面）に乗り換えて二つ目の上の太子駅で降り、そこから西にむかって約一・二キロ野道を歩いて壺井八幡宮の鳥居の前の古井戸「壺井」に突き当たる。天気の良い日であればこの散歩道はおすすめだ。

壺井八幡宮と「頼信・頼義・頼信の墓」はおおよそ北と南の位置関係にあり、その距離は一キロメートルを越えない。しかし頼義の墓だけは「頼信・義家の墓」より二〇〇メートルほど北にある。「頼信・義家の墓」は自然にできた二つの小高い丘陵の上にあり、北側にあるのが義家の土饅頭形の墓（高さ四メートル、周囲一二メートル前後）で、頼信の墓も同じ形をしているが義家の墓が一回り大きい。

二つの墓は谷合が土手で繋がっていて、土手の下が一・五メートルほどの真四角のコンクリートのトンネルになっている。トンネルは北東にある頼義の墓に通じるように観光用に後世に造られたのであろう。頼義の墓の前から路地に入ると壺井八幡宮の参道に通じる。

源義家の墓（筆者撮影）

かつて八幡神社は源氏が祀る神社だと思っていた私は、今では源氏が八幡神＝応神＝百済昆支王を祀った神社である事を知っている。鳥居をくぐって五二段の急な階段を上ると壺井八幡宮の北西方向に前方後円墳の誉田陵（伝応神陵）の姿がのぞいて見える。

以来、私にとって大阪平野が一望できる壺井八幡宮と通法寺跡は、雑司ヶ谷（豊島区）の漱石の墓や練馬白山神社（義家が奥州に下るとき植えたケヤキで有名）や、たまには帰郷して尋ねる深井の八幡神社のような愛着と親しみを感じている。

何十万、何百万とも言われている高句麗の侵略から逃れてきた故郷を失った百済からの難民（開拓民）の末裔が源氏三代の先祖であるならば、大小の川が網の目のように流れる湿地と沼の河内平野をいまの大阪平野の原型に造り上げたのは彼ら百済人である。

確かに百済系の桓武天皇もその子孫の天皇たちも坂上田村麻呂も源氏三代もエミシを侵略し支配し、かつ抵抗するエミシを殺害し、あるいは奴隷・賎民とした。これらの事柄は歴史や事物がその真実を語り、証明している。彼らはこれらの罪悪から逃れることはできない。とは言って彼らの罪悪を許すことも罰することは誰にもできない。

いまは竹藪とブドウ園に囲まれた湿気漂う土饅頭の頼信・義家の墓の前に佇《たたず》むと、隠れようもなく立ち上る真実の陽炎《かげろう》に私は困惑しかつ驚嘆する。

第六章　沖縄！——ウチナンチューはいつから日本人になったか

◆はじめに

このたびの『沖縄！』は前回の『エミシはなぜ天皇に差別されたか』と前々回の『日本古代国家の秘密』とあわせて「日本古代国家の成立を知る三部作」と、私は考えています。

私がこれら三部作を執筆することができるのは、私の師（先達）であります古代史研究者の石渡信一郎の仮説を継承しているからです。

石渡説をごく簡単に説明しますと、朝鮮半島からの渡来集団が卑弥呼の邪馬台国を滅ぼしてから瀬戸内海を東進して三輪山山麓の巻向に都（国）を造ります。そしてその一部（別動隊）は関東地方（群馬・千葉）に進み、さらに東北地方（福島・宮城）を越え、北上川上流の岩手県まで進出しています。

しかし邪馬台国を滅ぼした渡来集団のすべてが瀬戸内海を東進して奈良三輪山（畿内）に向かったわけではありません。一部の集団は九州の東海岸沿い（大分・宮崎）と西海岸沿（長崎・

熊本）に別れて鹿児島に達します。

「記紀」（『古事記』と『日本書紀』）によりますと、ヤマトタケルは（第一二代景行天皇の子）は日向《ひむか》・熊襲《くまそ》国を平定した後、東国のエミシ（蝦夷）の地に向かいます。ヤマトタケルの物語は八世紀初頭の律令国家の藤原不比等らが万世一系の天皇の物語を創るため北部九州で東と西の分かれた渡来集団の史実を反映させた神話のひとつでしょう。

渡来集団の多くは五胡十六国時代（四世紀〜五世紀）の中国東北部から土地と食べ物を求めて海の彼方の倭国に渡ってきた集団です。彼らはその経験を活かして鹿児島から種子島に渡り、次は屋久島、トカラ列島を経て大島に渡ります。そして徳之島、沖永良部《おきのらぶ》島に至ります。与論島と沖縄本島は間近です。沖縄本島に上陸しないわけがありません。今世紀のシリアからヨーロッパ諸国への難民の移動を想い起こしてください。

「おもろさうし」（一五三一〜一六二三年成立。首里王・英雄・航海者、風景・天象・戦争の全二二巻からなる歌謡集）の研究に生涯をかけた伊波普猷《いはふゆう》は、〝アマミキヨ（アマミヤ）〟を東方からきた渡来人の〝霊〟とします。

そして石渡信一郎は〝アマミキヨ〟は旧（加羅系）の渡来集団の首長崇神（第一〇代天皇）であり、箸墓古墳の被葬者崇神＝御肇国天皇《はつくにしらすめす》＝倭王旨（七支刀銘文、三六九年）であり箸墓古墳の〝霊〟ではないかと指摘したのです。

本書『沖縄！』にしかるべき価値があるとすれば、『おもろさうし』のアマミキヨの〝霊〟であることを指摘した石渡信一郎の説を紹介したことにつきるのではと私は思います。

なお、できましたら本項「はじめに」と同時に「おわりに」の「紺碧の海・辺野古」の読んでいただければ幸いです。

二〇一六年七月末日

林　順治

太平洋の〝火の輪〟

地図でみる琉球列島はまるで五月初旬の西の空に見える月のように弓なりになって島々が続いています。九州鹿児島の南から与那国までその距離は一二〇〇キロにおよびます。そして与那国から台湾までは一〇〇キロもありません。

小さな島が連なる様子を島嶼《とうしょ》と言いますが、南西諸島とも呼ばれ、島の数は大小あわせて一四六もあると言われています。北半分の三八島の与論島まで南西諸島と言いますが、残りの一〇八島が琉球列島、つまり沖縄県の範囲内に入ります。

南西諸島は薩南諸島とも言いますが、これは鹿児島から見たグループ分けです。琉球列島、つまり琉球諸島は七一島の沖縄諸島と八島の宮古列島と二九島の先島《さきしま》諸頭からなります。これらの島で一番大きな島が沖縄島で、西表島《いりおもてじま》、石垣島、宮古島、久米島の順番になります。沖縄島が県面積の五三％を占め、総人口の九割が沖縄島に住んでいます。総人口は一二七万人でちょうど幕末維新当初の江戸の人口に匹敵します。

沖縄県は北端の鳥島から南端の波照間まで約四〇〇キロ、東端の北大東島から西端の与那国まで約一〇〇〇キロの範囲をしめます。北緯二四度二分から二六度二分、東経一二二度五六分から一三一度一九分に位置するその地域は広大です。

東の大東島は大東諸島の一つで全島が石灰岩からなる隆起岩礁の島です。北の鳥島は沖縄諸島から約八キロ北方の東シナ海にある霧島火山帯の活火山島です。鹿児島県の西方六キロの位置ですが、沖縄県島尻郡具志川になります。沖縄鳥島、琉球鳥島、あるいは硫黄鳥島と呼ばれます。この島の人々は明治三六年の大噴火で全員久米島に避難して永住しました。昭和二九年の噴火では硫黄採掘のため残っていた作業員も撤してからは無人島になります。

沖縄の位置をイメージするには『世界地図』のランベルト正積方位図法による「太平洋」の見開きの図が圧巻です。環太平洋火山帯に四方から締めつけられているかのように海洋が丸く盛り上がって見えるからです。まさに太平洋の「火の輪」です。

南アメリカのアンデス山脈、北アメリカのコルディレラ山脈（ロッキー山脈、南のシェラ・スドレ山脈）、そしてアリューシャン列島、千島列島、日本列島、いわゆる先島（宮古列島・八重山列島の総称）・西諸島、台湾、フィリピン諸島、ニューギニア島、ニュージーランドに連なる山系は、中世代から新世代第三紀の造山運動（地層の双方から圧力がかかって盛り上がる）による褶曲山脈です。

中世代はイギリスのJ・フィリップスが一八四一年唱えた地質学の用語です。古世代と新世代の間の二億四七〇〇〇万年から約六五〇〇〇年までの約一億八二〇〇〇万年間に相当します。中世代はさらに三畳紀、ジュラ紀、白亜紀に分けられます。

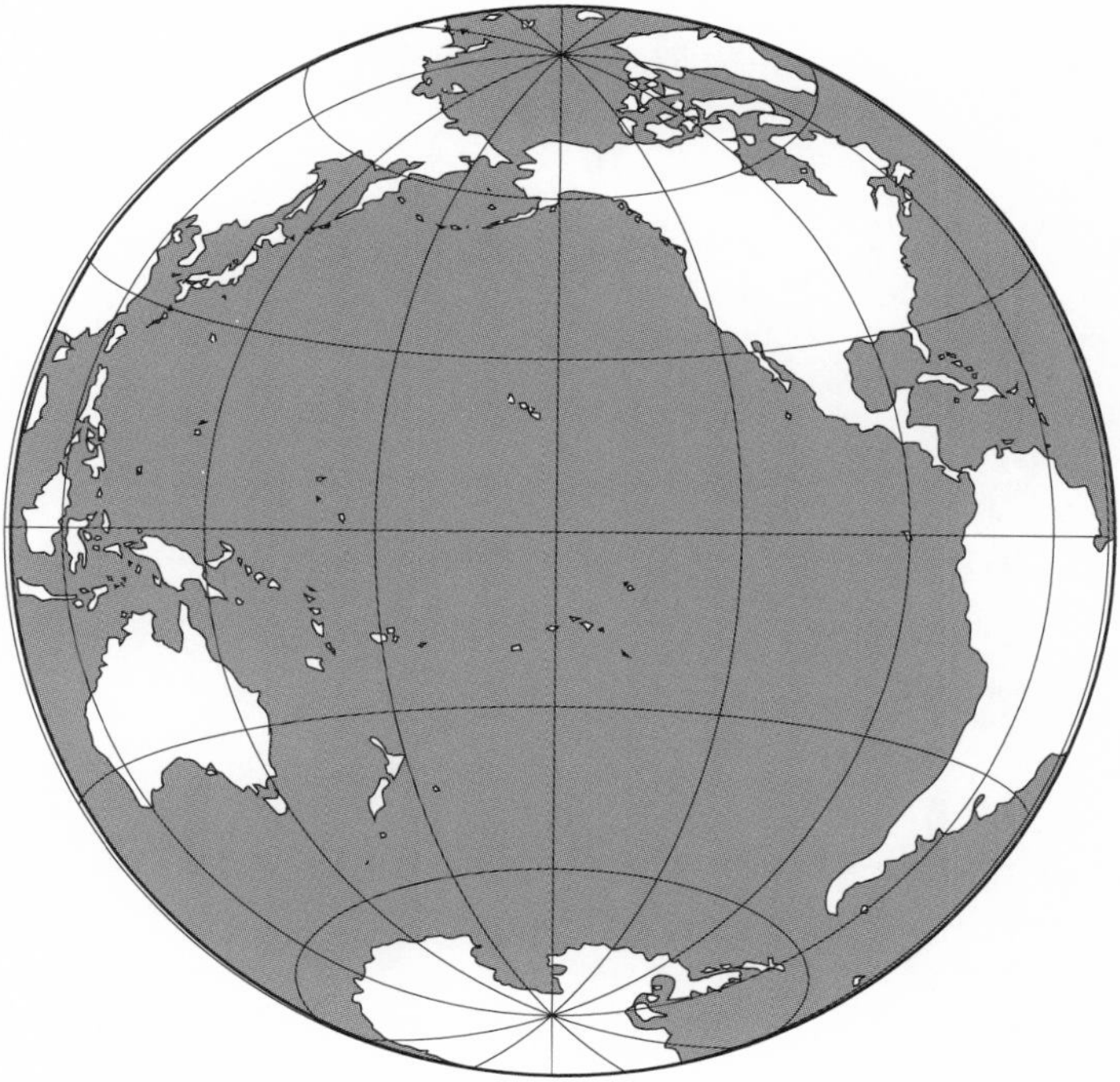

［ランベルト正積方位図］

恐竜など爬虫類が誕生して絶滅したのも中世代です。日本でも群馬県多野郡神流《かんな》町の地層で昭和六五年（一九八五）に発見された恐竜スピノサウルス類は白亜紀前期の一億二〇〇万年前の化石と推定されています。

中世代の初期に超大陸の移動が始まります。環太平洋地域ではプレート（地球の表面を覆う厚さ一〇〇キロの岩盤）に乗って運ばれた陸地が他の大陸と衝突して激しい地殻運動や火山活動を起こします。この孤状山脈の生成を解明する学問をプレート・テクスト（プレート理論）と言います。

東北日本の東の海中では約一億年前に、太平洋プレート（比重の大きい海洋プレート）が東北日本を載せた北アメリカプレート（比重の小さい大陸プレート）に衝突しています。重いプレートは軽いプレートにぶつかって沈み込みます。すると沈み込む部分は海溝となります。日本海溝やマリアナ海溝などです。

海岸線に沿って太平洋沿岸に存在する日本海溝は、北は北海道の襟裳《えりも》岬で大きく東に曲がって千島海溝へと続き、南は房総半島沖まで東に曲り、伊豆・小笠原海溝に続きます。

黒潮

日本海流とも呼ばれる黒潮は日本列島の南西から北東に流れる暖流です。海の色は青黒色で透明度が高いがプランクトンの棲息数は少ないと言われています。黒潮はフィリピン東方に源を発し、台湾と石垣島の間を東シナ海に入って北東に流れ、屋久島と奄美大島の間のトカラ海峡を通過してふたたび太平洋に入ります。

太平洋に入ると九州や四国辺りで日本列島に接近して流れ、紀伊半島沖から遠州灘にかけて沿岸沿いに直進する場合と遠州灘沖に発生する冷水塊の縁辺部で大きく南に蛇行する場合が交互に発生します。遠州灘は御前崎から伊良湖岬に至る海域です。伊良湖岬は知多半島と伊勢湾の方向にカニのハサミのように突き出した渥美半島先端の岬です。

平治の乱（一一五九年）に敗れた源頼朝の父義朝は家来の長田忠致《おさだただむね》を頼って伊勢湾から知多

半島の南端にある内海に上陸しますが、長田忠致に謀殺されます。義朝はおそらく伊良湖岬の南端から遠州灘に出て伊豆に逃れようとしたのでしょう。後、長田忠致は源頼朝に処刑されます。

明治三〇年（一八九七）柳田国男は大学二年生の夏休み、この伊良湖岬に一ヵ月ほど滞在し、「あゆ」のことを考えます。「あゆ」とは人間が利用して恩恵をこうむる風のことです。岬の突端の小山の裾の東に回って、東表の小松原の砂浜で柳田は椰子《やし》の実が流れ着いているのを見つけます。

黒潮の流速は本州南方で約三ノット（一ノットは毎時一八五二メートル）から五ノットです。流れの幅も一〇〇メートルを超え、二ノット以上の速さの部分はおよそ幅五〇キロ程度です。六〇〇メートルの深さ付近で一ノット、一〇〇〇メートル付近で〇・二ノットの流れの速さになります。

黒潮は中緯度の偏西風と低緯度の貿易風からなる大規模な風系分布に起因する北太平洋を時計回りに巡る大暖流の一部です。偏西風（ジェットストリーム）は中緯度地方の上層を一年中西から吹く風のことで、地球をとりまく連続する流れとなってうねりながら強く吹いています。この現象は地球の回転力＝コリオリの力（フランス生まれの物理学者・天文学者ガスパール・コリオリの名にちなむ）の緯度による変化によって起こります。黒潮は南方からカツオやマグロなど暖水系の魚を日本近海にもたらします。高温多湿な日本の気候はこの黒潮の影響によります。

柳田国男の沖縄旅行

柳田国男は東京に帰ってか伊良部岬の砂浜で見た椰子の実のことを島崎藤村に話しました。遥かなる波路を越えてきた真新しい椰子の実の姿を藤村は「実を取りて胸にあつれば新たなる流離の憂ひ」と「椰子の実」を歌に作り上げます。

柳田国男が沖縄を訪れたのは大正一〇年（一九二一、四一歳）の一月です。正月三日に鹿児島から船に乗って五日に那覇に到着しました。柳田は二年前の一九一九年一二月に貴族院書記官を辞め、その年の四月ごろ貴族院議長の徳川家達は当時の首相原敬に柳田の職務怠慢を報告しているので原敬から注意か辞任勧告があったのかもしれません。

翌年の大正九年、柳田は国の内外を自由に旅をさせてくれるという条件で東京朝日新聞に論説委員として入社します。柳田国男にとって沖縄旅行は東京朝日新聞に入社して初めての長期旅行でした。

柳田は那覇に到着すると真っ先に沖縄県立図書館の館長をしている伊波普猷《いはふゆう》（一八七六―一九四七）を訪問し『おもろうし』の研究のために上京するようにすすめます。実際、伊波普猷は三年後上京します。

柳田国男に自由に旅をさせてくれるとはいっても新聞社も営利企業です。沖縄旅行から帰った柳田は翌月の四月から五月までの一ヵ月間、東京朝日新聞社に『海南小記』を連載します。「ジュネーブの冬は寂しかった」と『海南小記』の冒頭はバジル・ホール・チェンバレン

（一八五〇―一九三五、イギリスの日本研究家、アイヌや琉球語の研究で知られる）に捧げる追想文で始まります。

柳田国男はチェンバレンの住まいの近くに滞在するのですが、教授が老いと病いの療養のため会うことはできないもどかしさを詩的に描写します（青年期の柳田国男は鴎外と親交を持ち、田山花袋・国木田独歩らと『抒情詩』を出す文学青年）。ちなみにチェンバレンは明治二四年から五年にかけて沖縄の言語調査をして明治二八年（一八九五）に『琉球語文典及び語法』という琉球語方言の文法書をロンドンで出版しています。

柳田は「先生（チェンバレン）はラフカディオ・ハーンよりもたしか三つか四つ若かったから、まだ七〇には大分間があるはずだ」と、教授のなみなみならぬ業績を讃えながら、今後の研究の前途に心を馳せています。

日本文化の源流を説く『海上の道』

伊良湖岬の椰子の実の思い出から始まる『海上の道』は柳田が没する一年前の一九六一年（昭和三六）に出版されます。柳田国男全集の第一巻には沖縄をテーマとした『海上の道』『海南小記』『島の人生』の三点が収録されています。

『海上の道』は「海上の道」「海宮考」「みろくの船」「根の国の話」「鼠の浄土」「宝貝のこと」「人とジュズダマ」「知りたいと思う事二三」の順で構成されています。「海上の道」は雑誌「心」に昭和二七年（一九五二）一〇月から一二月の三回にわけて発表されます。この年の五月に柳田は九学会連合大会の特別公演で「海上生活の話」と題して講演します。

それぞれの九学会が、今やわが邦の空前の時相に当面して何らの話し合いを経ることもなく、自然に一致して日本民族の生存を共同研究の対象としていることである。よその学問の現状を熟知し、それを同胞の間に伝えることを似て、学者の本務とするような、哀れな俗解はこれで終止符をうたれるであろう。

久しい間気がつかず、何ら回答も得られていない問題は無数にある。日本人が何百という数の遠近の島々のうち、次々にどの方面へ移り広がって行ったものか、それは全然わからぬ。わかるはずがないというだけの答えすらも、どうやらまだできあがっていない。

柳田がいう九学会とは、民俗学、社会学、考古学、人類学、言語学等々です。晩年の柳田は、日本人の祖先が稲作文化を持つ人々がバラバラに日本列島に漂着して集落をつくり、共同体を創り上げ、やがては大和政権が誕生したという稲作文化北上説、いわゆる日本文化の基礎となる稲作が南西諸島を経由して伝来したという説です。

しかし日本が第二次世界大戦で敗北した一九四五年当時、日本民族文化起源論が提唱され、その最初の提唱者が「古日本の文化層」という論文を書いた岡正雄（一八九八―一九八二。民族学者）でした。

昭和二三年（一九四八）五月、三日間にわたって岡正雄・石田英一郎・江上波夫・八幡一郎らによる「日本民族＝文化の源流と日本国家の形成」（雑誌『民俗研究』第一三巻第二号）という座談会が開かれます。特に江上波夫の「騎馬民族による征服王朝説」は日本古代国家形成論に大きな問題を投げかけました。

南九州文化南下説

ところで柳田国男と同じように日琉同祖論にたった学者で伊波普猷がいます。日琉同祖論とは日本人と琉球（沖縄）人はその起源において民族的には同一であるとする説です。歴史的には一六世紀の京都五山（天竜寺・相国寺・建仁寺・東福寺・万寿寺）の僧侶によって唱えられた源為朝（八幡太郎義家の孫為義の子）の琉球渡来説に端を発し、それが琉球へ伝わり、羽地《はねち》朝秀《ちょうしゅう》（一六一七—一六七六。尚質王・尚貞王摂政）が編纂した『中山世鑑《ちゅうざんせいかん》』（薩摩支配下において書かれた琉球王国の初めて歴史）に影響を与えて、明治以降は沖縄学の大家伊波普猷によって展開されます。

しかし伊波普猷は『孤島苦の琉球史』や『日本文化の南漸』で沖縄人の祖先を南九州に想定します。琉球人の祖先神「アマミキヨ」（海にただよう島々に草や木を植えて琉球の国土を創成したといわれる）を日本人の一派である海部《あまべ》とみなし、彼らが鹿児島から沖縄まで島伝いに南下してきたというのが伊波普猷の考察です。

柳田は年齢が一歳年下の沖縄生まれの伊波普猷（沖縄学の父と呼ばれる）に協力的でしたが、この伊波普猷の南下説には批判的でした。外間守善《ほかましゅぜん》は『沖縄学への道』で柳田国男と伊波普猷の間にある学問上の根底的な対立をサラリと記述しています。

伊波普猷が東京帝大の学生のころです。伊波はその論文で日本文化南下説を公表しています。ところが伊波普猷と友好的に交わったはずの一九二一年の沖縄旅行の帰途、柳田は大分臼杵《うすき》地方を訪ね歩きます。その時の久留米中学の記念講演で自説の「稲作文化北上説」を説きました。

中学生向きの話とはいえ、後日、伊波普猷はその講演の中身を知って大変なショックを受けます。なぜなら、柳田が沖縄滞在中の伊波普猷と何度となく親しく話しているにもかかわらず、一度も伊波普猷に「稲作文化北上説」のことは漏らさなかったからです。

『おもろさうし』の「おもろ」の語源について外間守善は、口に出して「言う」意味の動詞「思ふ」を原義にしたものと結論しています。それは神の言葉、神言という意味が背負わされているのです。一方で柳田国男が「海上の道」を発表する三年前に発表された江上波夫らの「騎馬民族征服説」に冷ややかな対応を示したのは先述の通りです。しかし柳田国男が内心「騎馬民族征服説」には大いに競争心をもやしていたにちがいないのは、柳田の九学会における発言内容からもその意気込みが伝わっているからです。

江上波夫の「騎馬民族説」が知られるようになったのは、「日本民族＝文化の源流と日本国家の形成」が発行された昭和二四年（一九四九）からです。その年、柳田国男を会長とする日本民俗学会が結成されました。

石渡信一郎の沖縄論

又　またあまみやからおきなわ（アマミの世から今の沖縄まで）
たけててはおもはな（岳とは思わず）
又　しねりやからみしま（シネリの世からいまの御島の世まで）
もりててはおもはな（森とは思わずに）
（『おもろそうし』巻三、石渡信一郎『日本地名の語源』より）

沖縄はもともと沖縄本島の呼称であるが後に琉球の別称となったと、石渡信一郎は『日本地名の語源』で指摘しています。この『日本地名の語源』は新旧二つの朝鮮からの渡来集団による日本古代国家の建設を解明した石渡信一郎の一連の著作の一〇冊目の本です。

石渡信一郎がいう新旧二つの渡来集団とは、四世紀半ばに南朝鮮から渡来して倭国を建設した加羅系渡来集団（倭国加羅系）と、五世紀後半から渡来して大和王朝を立てた百済系の渡来集団（倭国百済系）を言います。

アマミユキ（アマミヤ）（『おもろさうし』）が第一〇代天皇崇神（『日本書紀』）の霊であるという石渡信一郎の説は驚異と言わなければなりません。それでも「新旧二つの渡来集団による倭国日本の建設」という石渡信一郎の説（『応神陵の被葬者はだれか』一九九〇）は、日本の古代史学界はもちろん、日本の新聞・テレビからほとんど黙視されています。

というのは、石渡信一郎の一連の著作は従来の日本人単一民族説＝万世一家天皇の歴史観を根底から覆し、日本で一番か二番目に大きい誉田《ほむた》陵（伝応神陵）に埋葬されている人物が五世紀半ば百済から渡来した王子であることを明らかにしているからです。

百済の王子昆支王は二〇歳のとき倭国に渡来して倭の五王「讃・珍・済・興・武」の済に入婿となったのち百済系ヤマト王朝の初代王となりました。その大王の名は応神天皇（『日本書紀』）とも日十《そか》大王（隅田八幡鏡銘文）ともあるいは倭王武（『宋書』「倭国伝」）とも日本武尊（ヤマトタケル）（『日本書紀』）とも呼ばれています。

倭の五王「武」が引き継いだ加羅系渡来集団（崇神王朝）は、讃の二代前の崇神（ミマキイリヒコ）（在位三四二―三七九）こと旨（七支刀銘文）の時代に北部九州の邪馬台国を滅ぼして瀬戸内海を東進して四世紀末に三輪山山麓の纏向《まきむく》に王都を築きます。その始祖王崇神（ミマキイリヒコ＝旨）の墓は箸墓古墳（築造の実年代三九〇年前後）です。

加羅系渡来集団の一部は九州の東海岸を東西に分かれて南下し、志布志湾《しぶしわん》の曽於《そお》郡、さらに南部の肝属《きもつき》郡に定着します。その証拠に加羅系勢力の地名を意味するアカラ（大加羅）の始良《あいら》などの地名が残っています。

そして五世紀後半には宮崎県の南部や鹿児島大隅半島の全域にその支配地を広げました。一方、九州西海岸を肥後から南下した加羅系渡来集団は出水《いずみ》・長島・川内《せんだい》まで進出しますがその南には及んでいません。

南部九州の古墳は畿内型の高塚古墳（前期前方後円墳）と南部九州独自の地下式板石積石室

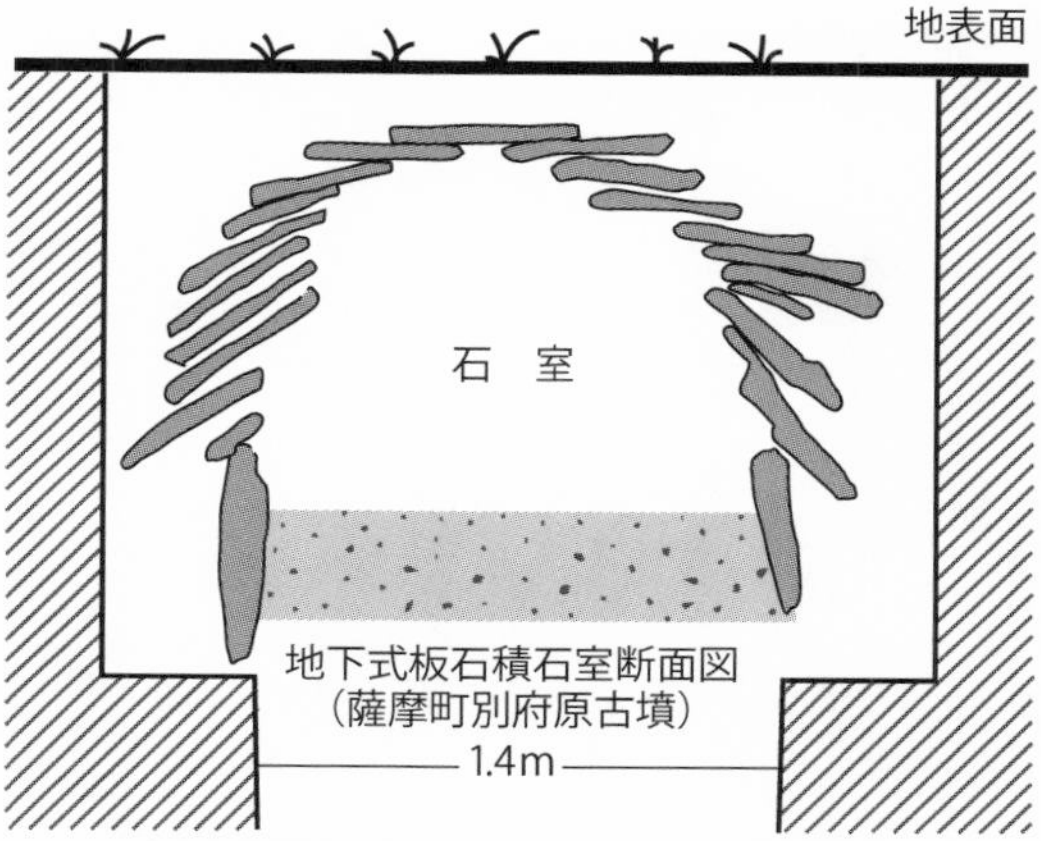

板石積石室の構造（上村俊雄氏による）

墓と地下式土壙《どこう》墓です。地下式土壙墓は墳丘をもたず、地表から一・五メートルから三メートルの竪穴を掘りそこから横に掘り下げて墓室を造る方法と、地表から垂直に竪穴を掘る方法の二つがありますが、いずれも先住民の埋葬方法です。大隅半島は畿内型の高塚古墳が多く分布する古墳の二重構造からなっています。

しかし天皇の歴史＝日本民族の起源とする「記紀」神話にもとづく日本人単一民族説は長期にわたり人類学、古代史、考古学、言語学、民族学に影響を与えているばかりか沖縄の古代史の理解にも大きな影響を与えています。

現在でも「沖縄」「琉球」の地名の語源は確定しているとは言えません。しかし石渡信一郎によれば沖縄の地名語源は大加羅で、琉球は夷邪久《いやく》国《に》が変化したものです。夷邪久国は倭国で使われていた南西諸島（九州南端から台湾北東にかけて位置する島嶼群）の総称です。

『隋書』倭国伝・琉求国（以下、『琉求国伝』）条によれば、琉球（流求）は「琉求」と記され、隋の煬帝は大業三年（六〇七）に朱寛（軍人）を琉求国に派遣しますが、朱寛は言葉が通じないので住民一人を捕虜として連れ帰りました。煬帝は翌（六〇八）再度朱寛を派遣しますが、琉求国側は従いませんでした。そのため朱寛はやむなく布甲（植物繊維で作った甲）を取って帰国します。

琉球の語源となる夷邪久国の「夷邪《いや》」は加羅城《からき》のカラからカヤに、カヤからキャに、キャからイヤに変化し、そしてキからクに変わったクがイヤにつきイヤクになったと、石渡信一郎は解釈しています。南西諸島には屋久・屋宜《やぎ》・屋古《やこ》や宮古《みやこ》・喜屋武《きやん》など大加羅や加羅からに変化した地名も多いからです。

『隋書』倭国伝・琉求国の「琉求国」の琉求（流求）もラ行の子音ｒ（ｌ）がヤ行の子音ｙと似ているので、隋の使者たちは南西諸島の住民をヤクの発音をｌｕｋｕと聞き取り「琉球」や「流求」と表記したのです。六〇七年当時の流求国は夷邪久国と南西諸島を意味していましたが、一五五四年当時は琉球国は沖縄や琉球諸島を意味していました。

『おもろさうし』（沖縄古語＝オモロ語）に取り組んだ外間守善《ほかましゅぜん》は沖縄と琉球のどちらの呼称が正しいかという質問に答えるのは難しいとしています。ですから外間は「縄文・弥生時代はオキナパ、オキナファ、オキナハと呼ばれていたが、日本史の古代、中世、近世になって中国と交易が盛んになってから、琉球と呼ばれるようになった」と答えることにしていると言っています。

外間守善によれば琉球王国が成立した一五世紀から、解体する一九世紀まで「琉球」と呼ばれたことになります。ｒ音が語頭に立たないのは日本古語・朝鮮古語などのアルタイ語系の特徴であるから「リュウキュウ」という語は沖縄固有の語ではないと、外間守善は指摘しています。

たしかに「リュウキュウ」という語は『おもろさうし』には見当たりません。「おきなわ」「おきにや」という語は『おもろさうし』にあります。「おき（大きい、もしくは沖）」「なは（漁場もしくは場所）」などの語が固有語のなかに探れることから「おきなは」は根生いの地名と考えてさしつかえないと外間は推定しています。

「おきなは」（アジナハ）のことは淡海三船《おうみのみふね》（七二二―七八五。天智天皇の子大友皇子の曾孫）が著した『唐大和上東征伝《とうだいわじょうとうせいでん》』（鑑真の渡来の顛末を記した書。宝亀一〇年＝七七九年刊行）に出てきます。この『唐大和上東征伝』によると遣唐使藤原清河（藤原房前の四男、不比等の孫）が鑑真を載せて唐から日本に帰る途中、阿児奈波《あじなは》島に停泊します。

〔筆者註：藤原清河と安倍仲麻呂が乗った第一船は阿児奈波島に到着するが、その後安南まで流され七五五年唐に逆戻りします。藤原清河は帰国するための迎えの遣唐船で七五九年に帰国しますが、安倍仲麻呂はついに帰国することはありませんでした〕。

ところで藤原清河ら一行が一時停泊した多禰島の西南にある阿児奈波島ですが、石渡信一郎は「アジナハ島」と読むことができ、ラ行の変化によって大加羅《あから》）のアカラからアキラに変わり、アキラからアシラに、アシラからアジナに変わったとしています。そして「アジナハ」のハは大加羅城の「城」のキがカからハに変化したものであるとしています。

また万葉集では「児」はゴとも読まれているので、阿児奈波はアゴナハとも読めます。

「琉球」という表記は薩摩藩の知行目録に見えるのが最初で新井白石（一六五七―一七二五）の『南島志』（一七一九）に琉球と書かれています。薩摩藩による侵略支配により、琉球国は将軍の即位儀礼などで徳川幕府へ一八回に渡り、王子を正使とする総勢百数十人の使節団が派遣しています。

六代将軍家宣の侍講《じこう》（君主に学問を講義する役職）であった新井白石は『南島志』で泡盛について「米を蒸して麹を和し各分剤あり。すべからく水を下すべからず、封醸して成る。甕を以って蒸してその流露をとる。泡のごとくものを甕中にもり、密封七年にして之を用ふ。首里醸すところのもの最上品とす」と書いています。おそらく白石は使節団の一行の誰から泡盛の酒造方法を取材したのでしょう。

『隋書』倭国伝のアメノタリシヒコ

ところで煬帝《ようだい》の大業三年（六〇七）の話に戻りますが、『隋書』倭国伝〔隋書は隋と唐に生きた魏徴《ギチヨウ》（五八〇―六四三）が著した正史で、成立は唐王朝第二代皇帝・太宗の貞観一〇年＝六三六年〕には、日本の古代史を学ぶ者にとっては避けて通れない有名な記事があります。

大業三年（六〇七）その王多利思比孤《アメノタリシヒコ》が遣使を以て朝貢。使者曰く「海西の菩薩天子、重ねて仏法を起こすと聞き、故に遣わして朝拝させ、兼ねあて沙門数十人を仏法の修学に来させた」。その国書曰く「日出ずる処の天子、書を日没する処の天子に致す。恙《つつが》なきや」云々。帝はこれを見て悦ばず。鴻臚卿《こうろきょう》が曰く「蛮夷の書に無礼あり。再び聞くことなかれ」と。

引用文中の「日出ずる処の天子」はアメノタリシヒコ＝大王馬子のことで、「書を日没する処の天子」は隋の皇帝煬帝のことです。この記事は推古天皇一六年（六〇七）倭国の遣隋使小野妹子の国書を見た煬帝が、「蛮夷の書に無礼あり。再び聞くことなかれ」と、アメノタリシヒコが天子を名乗ったことに不快感を露わにしたことを伝えています。

しかし皇帝煬帝は怒り過ぎたと反省したのでしょう。煬帝はおそらく高句麗戦争で頭がいっぱいだったにちがいありません。当時、先帝の文帝楊堅以来、高句麗が百済を侵し、倭国は百済と同盟関係を結んでいたので、隋は倭国と友好関係を結んでおいたほうがよいと判断したのだと考えられます。

『隋書』倭国伝には裴世清一行の渡航コースは次の様に書かれています。（括弧内のそれぞれの地名は後藤芳春著「隋書に記された夷邪久国」東洋史一三号、二〇〇七年三月発行を参考）。

翌年（六〇八）、上（天子＝皇帝煬帝）は文林郎の裴世清を使者として倭国に派遣した。百済を渡り、竹島に行き着き、南に耽羅国《たんら》（済州島）を望み、都斯麻国（対馬）を経て、遥か大海中に在り、また東に一支国（壱岐）に至り、また竹斯（九州北部）に至り、また東に秦王国（豊前国）に至る。

そこの人は華夏（中華）と同じ、もって夷洲となす。疑わしいが解明不能である。また十余国を経て海岸に達した。竹斯国より以東はいずれも倭に附庸している。

先述しましたが、『隋書』琉求伝には隋の煬帝が大業三年と、四年の二回に渡り、軍人朱寛を琉求国に派遣しています。初回は住民一人を捕虜として連行しますが、二回目のときは布甲を持ち帰っています。

そこで「隋書に記された夷邪久国」の著者後藤芳春氏は次のように述べています。「琉求国の布甲に関する煬帝から諮問を受けた小野妹子ら遣隋使一行が帰国後、夷邪久国の布甲に関する質問を受けたことを時の最高権力者、推古大王や蘇我馬子に報告した。その報告を受けた倭国の支配者層は従来曖昧だった屋久島地方への領域支配を確立する必要性を痛感し、なんらかの働き掛けを開始したのが功を奏して、屋久島から倭国に使者が派遣され」と。

なぜこの後藤氏の指摘が大きな問題かと言いますと、実は推古天皇二四年（六一六年）三月条に次の様な記事があります。

三月に掖玖人《やくひと》（屋久島）三口（人）帰化する。夏五月、夜句人（屋久島）七口（人）が来る。秋七月また掖玖人が二〇人くる。合わせると三〇人になる。一同、朴井《えのい》（和泉国泉南部の西内村か。現大阪府岸和田市西内村）に住まわせたが、帰還するまでに全員死んでしまった。

この年（推古二四）隋の煬帝は三度目の大軍を高句麗に送りますが失敗し、二年後の六一八年（推古二六）に煬帝は殺され、隋が滅び唐に代わります。この隋の滅亡は隋と交流していた蘇我馬子（アメノタリシヒコ）政権に大きなダメージを与えます（『日本古代国家の秘密』）。結果、中大兄（天智天皇）と中臣鎌足（藤原鎌足）による六四五年の乙巳のクーデタに至ります。

先の「布甲」に関して言えば、隋の煬帝は先帝文帝とは異なり、周辺諸国に対して積極的に軍事行動を起こします。のちの唐が展開する「遠交近攻策」（高句麗を挟撃するため百済・倭国と同盟する）は煬帝が先駆けて行っていたわけです。したがって煬帝は「琉求国」攻略の際、倭国と同盟関係を結んでおいたほうがよいと考えたのでしょう。

『日本書紀』舒明天皇元年（六二九）四月一日条に「田部連《たなべのむらじ》を掖玖《やく》に遣わす」という記事があり、同二年九月条には「この月、田辺連等、掖玖から帰る」という記事があります。「田辺連」と何者でしょうか。そして何の目的で「掖玖」に派遣されたのでしょうか。このころ隋は唐に代わっています。

ちなみに翌年の舒明天皇三年（六三〇）春二月一〇日条には「掖玖人帰化せり」とあり、同年三月一日条には百済義慈王は王子豊璋を質とす」とあり、舒明天皇四年大唐は高表仁《こうひょうじん》を派遣し、三田鍬を送らせた」とあります。

唐の使者高表仁と王子入鹿の諍い

『日本書紀』（舒明天皇四年＝六三二年）は高表仁一行の来朝を次のように描写しています。

一〇月、唐国の使者高表仁らが難波津に停泊したので、大伴連馬飼が江口（天満川の河口）まで出迎え、案内役の難波吉士《なにわのきし》と大河内直矢伏《やふし》が館まで先導した。五年（六三四）正月二六日、高表仁らが帰国した。吉士雄摩呂・黒麻呂らが対馬まで送り、そこで引き返した。

ところで一方の『旧唐書』倭国伝には次のように書かれています。

貞観五年（六三一）、遣使が方物を献じた。太宗はその道中の遠きを不憫に思い、勅旨で所司に歳貢を無用とさせ、また新州刺史の高表仁を遣わして、節を持して行かせこれを慰撫させた。表仁は慎みと遠慮の才覚がなく、王子と礼を争い、朝命を宣しないで還った。

『日本書紀』は高表仁一行を船三〇艘で出迎えたとしていますが、高表仁一行が倭王に会ったとは書いていません。一方の『旧唐書』には「高表仁は王子と礼を争い朝命を伝えず帰った」

と書かれています。では、「高表仁が争った王子は誰か」ということになります。

当時の大王は蝦夷ですから王子は蝦夷の子の入鹿しか考えられません。〔筆者註：『日本書紀』は舒明・皇極を即位したことにしていますが、当時の大王は蝦夷で王子は入鹿です。拙著『日本古代国家の秘密』参照〕。

ちなみに『旧唐書』によれば倭国が新羅の使者を通して唐に倭国の動静を報告したのは乙巳《いっし》のクーデタ（六四五年）から三年後の大化四年（六四八）のことです。高表仁が帰国した六三三年から六四八年までの一五年間、唐と倭国は事実上の国交断絶状態でした。

金鉉球《キムヒョンク》によると、入鹿と高表仁が礼を争った原因は、第一次遣唐使一行（三田鍬ら）と使者高表仁らは当時の倭国が敵視していた新羅を経由し、しかも新羅の使者に送られてきたからだとしています（『大和政権の対外関係研究』金鉉球、吉川弘文館）。

当時、百済と新羅は敵対関係にあり、倭国は百済とはもともと友好関係にありました。唐の太宗は帰国した恵日の情報をもとに「遠交近攻策」の政治的工作にとりかかったのです。太宗が第一次遣唐使を新羅経由で帰国させたのもそのためです。帰国組のなかに推古紀一六年の僧旻や高向玄理らがいることを忘れてはなりません。

しかし蘇我王朝三代（馬子・蝦夷・入鹿）の蝦夷・入鹿親子は、帰国留学生から唐の「遠交近攻策」を知らされてはいましたが、従来の「親百済策」を変更するつもりはなく、唐との国交を回復しようとはしなかったのです。対して中大兄皇子（舒明の子）ら反蘇我・反体制派＋帰国留学生グループは、蝦夷・入鹿の外交を親唐路線に切り替えようとしたのです。

万世一系天皇のイデオロギー

実はこの万世一系天皇を貫徹《かんてつ》するため初期律令国家の「記紀」(『古事記』と日本書紀)編纂者は、加羅から渡来した崇神・垂仁+倭の五王「讃・珍・済・興・武」(旧の加羅系渡来集団)と百済から渡来した昆支(倭王武、応神)を始祖とする余紀(継体)等(新の百済系渡来集団)の隠蔽を図りました。

「万世一系天皇の物語」の総責任者兼プロデューサーは、大化の改新(六四五年の乙巳のクーデタ)で有名な鎌足の子藤原不比等です。したがって『古事記』が古く、『日本書紀』が新しいのではなく、『古事記』も『日本書紀』も藤原不比等とその配下の編纂者たちによって同時に作られたのです。不比等は旧加羅系渡来集団の祭司氏族の曾孫です。

しかし、「記紀」はすべて嘘で成り立っているわけではありません。『日本書紀』の場合、虚実半々です。そのため『日本書紀』編纂者は本体(実在の天皇)に対して多くの分身・虚像(実在しない天皇および皇子)・代役・伝説上の人物を創作しました。

例をあげますと、卑弥呼には神功皇后、昆支=倭武に応神・日本武尊《やまとたけるのみこと》・神武天皇・景行天皇・武内宿禰《たけのうちすくね》、継体に仁徳天皇、ワカタケル大王(欽明)には允恭・雄略天皇や大臣蘇我稲目、大王馬子に用明・推古天皇と厩戸王《うまやとおう》と聖徳太子等々です。

掖玖国に派遣された田部連が何者であり、なぜ掖玖国に派遣されたのかという疑問から「記紀」が藤原不比等によって作られたという話しに脱線しましたが、まったく「記紀」と田部連とが関係がないわけでないからです。『日本書紀』欽明天皇三〇年（五六九）正月条に次の様な記事があります。

天皇は詔して、「田部を設置してから久しい。年齢が一〇歳すぎているのに戸籍に記載されず、課役を免れている。胆津《いつ》を遣わして〔胆津は王辰爾の甥である〕。白猪田部の丁《よぼろ》（二一歳から六〇歳までの課せられる男）の籍を調査して定めよ」と仰せられた。
夏四月に胆津は白猪田部の丁を調査して、詔に従って籍を定めて田戸《たへ》（屯倉の田を耕作する戸）となす。天皇は胆津が籍を定めた功績として褒めて、姓《かばね》を授けて白猪史《しらいのふひと》とし、さらに田令《たつかい》（屯倉の経営者）とした。

またこの記事より一六年前の欽明一六年（五五三）七月六日条に「蘇我稲目宿禰たちを備前の児島郡に遣わして屯倉を置かせた。葛城山田直瑞子《みずこ》を田令とした」とあります。さらに同冬一〇月条には次のように書かれています。

蘇我大臣稲目宿禰らを倭国《やまとのくに》の高市郡《たかちこおり》に遣わして韓人大身狭屯倉〔韓人というのは百済のことである〕・高麗人小身狭屯倉《こまのひとのおむさのみやけ》を置かせた。紀国に海部屯倉を置いた〔ある本に各地の韓人大身狭屯倉の田部とした。韓人《からびと》・高麗人を田部としたため、それを屯倉の名としたという〕。

「田部」という言葉は景行天皇（在位七一―一三〇年）五五年（一二五年＝乙丑年）冬一〇月条に「諸国に命じて田部・三宅を設けた」と書かれています。景行天皇はヤマトタケルの父ですが、ヤマトタケルは創作上の人物です。したがって景行天皇も創作上の人物ですが、ヤマトタケルが応神・倭武の代役であったように、景行天皇の代役・分身・虚像です。

事実、景行天皇や田部・屯倉を置くように命じた五五年（一二五年＝乙丑年）を干支七運（六〇年×七運＝四二〇年）繰り下げれば、欽明天皇六年（五四五年＝乙丑年）にあたります。『日本書紀』編纂者は昆支王（倭王武）が生れた年の四四〇年（漢城＝ソウル）を干支四運（六〇年×四運＝二四〇年）に繰り上げ、神功皇后（架空の皇后）の子としたように、欽明（ワカタケル大王）が行なった全国的な屯倉の設置を古くみせるために架空の天皇景行の時代に挿入したのです。

そもそも『日本書紀』のプロデューサー藤原不比等は日本古代史上最大のワカタケル大王（欽明天皇）の「辛亥（五三一年）の変」（稲荷山鉄剣銘文）をなかったことにして即位しなかった安閑・宣化（ワカタケルに殺害される）を即位したかのように見せかけたのです。したがって『日本書紀』には宣化天皇（継体天皇の子）が多くの屯倉を設置したように書かれています。なぜこのような作為が行なわれたのでしょうか。

初期律令国家（七〇一年の大宝律令→『古事記』→平城京→『日本書紀』）の基礎を築いたのは天智・天武・持統および文武天皇ら継体系王朝の子孫です。その最大の協力者藤原不比等は、六四五年の乙巳のクーターの蘇我王朝（馬子・蝦夷・入鹿）を滅ぼすために中大兄（天智）

に協力した中臣（藤原）鎌足の子です。不比等はアマテラスを祖とし神武天皇を初代の天皇とする物語（「記紀」）とその神話を創らなければならなかったからです（拙著『日本古代国家の秘密』参照）。

万世一系天皇の物語を貫徹しようとした藤原鎌足の子不比等は、蘇我王朝三代馬子・蝦夷・入鹿を大王から臣下に格下げし、その代役として推古（女帝）→舒明・皇極（女帝）を創作し、馬子の父欽明（ワカタケル大王）を本体とし、蘇我大臣稲目宿禰を分身とする二人の人物を創作します。その蘇我稲目も先の欽明一六年（五五三）七月の屯倉を備前の児島郡に設置させた翌年の欽明三一年春三月に亡くなったことにしています。

ところで『日本書紀』推古天皇一五年（六〇七）この歳条に「倭国《やまとのくに》に高市池・藤原池・肩岡池・菅原池を作る。山背国の栗隈《くるくま》に大きな溝を掘った。また河内国に戸苅池・依網池を造った。また国ごとに屯倉を置いた」と書かれています。

小野妹子一行が遣唐使として派遣されたのはこの年の秋七月三日のことです。また推古天皇が天地神祇《てんちじんぎ》（天の神・地の神）の詔《みことのり》をしたのは二月一〇日です。また前年（六〇六）七月には推古は皇太子（厩戸王＝聖徳太子）をたて、皇太子は『勝鬘経』を講じます。天皇推古はそのことを喜んで播磨の水田百町を与えますが、皇太子は斑鳩寺にそれを納めたと、『日本書紀』は記録しています。

実は聖徳太子は倭王アメノタリシヒコ＝蘇我馬子の分身ですから、女帝推古は大王馬子の代役か虚構の存在です。おそらく馬子の長子蝦夷が皇太子であったのでしょう。当時、馬子は仏教王として聖徳大王と呼ばれ、蝦夷は飛鳥寺の長官として善徳王と呼ばれたと思われます。『隋書』倭国伝はアメノタリシヒコを男王とし、皇太子を「利歌彌多弗利」（若い統領＝蝦夷）としているからです。推古天皇一五年（六〇七）年当時の大王は蘇我馬子です。したがって高市池や藤原池など大溝を造らせたのは大王馬子です。

多禰人・掖玖人・阿麻弥人

種子島が『日本書紀』に記載されるのは天武天皇六年（六七五）二月条の「多禰島人《たねしまのひと》等を饗宴した」、同八年（六七九）一一月二三日条の「大乙下倭馬飼部造連《だいおつげやまとのうまかいべのみやつこむらじ》を大使とし、小乙下上《しょうおつげうえ》寸主光父《のすぐりこうぶ》を小使として多禰島に遣わす。よって爵一級をさずけた」とあり、同一一年（六八二）七月二五日条には「多禰人・掖玖人・阿麻弥人に、各々に応じて禄があった」とあります。『続日本紀』文武天皇三年（六九九）七月一九日条には次のように書かれています。

多褹《たね》（種子島）・夜久《やく》（屋久島）・菴美（奄美大島）・度感《とく》（徳之島）などの人々が、朝廷から遣わされた官人によってやってきて、土地の産物を献上した。身分に応じて位を授け、物を賜った。その度感島の人が、中国（日本をさす。中華思想の日本版）に渡来するのはこの時から始まった。

聖武天皇天平五年（七三三）四月三日、聖武天皇からしかるべき受戒の導師を中国から招聘するよう勅命を帯びた、大安寺の栄叡《ようえい》師と興福寺の普照《ふしょう》師は遣唐使の官船に便乗して難波津から船出し、滞在一〇日にして揚州の大明寺で鑑真和上（六八八―七六三）に出会います。

鑑真一行の渡航は五回企てられたが、嵐で難破したり、漂流したりで成功しませんでした。この間、鑑真は視力を失いましたが、藤原清河を大使、大伴古麻呂を副使とする遣唐使の帰国に際し、副大使大伴古麻呂が乗った第二船にひそかに便乗して第六回目の船出をします。

この時も暴風に見舞われ、第一船の大使藤原清河が乗った船は漂流して帰国できませんでしたが、鑑真の乗った第二船は種子島、屋久島を経て、天平勝宝五年（七五三）一二月、やっと薩摩国秋妻屋浦（鹿児島県川辺郡坊津町秋目）にたどりつきます。

ところで聖武天皇天平五年（七三三）六月二日条には次の様に書かれています。

多褹《たね》島の熊毛郡の大領（軍司における最高の地位）で、外従七位下の安下《あした》託ら一一人に、多褹《たね》後国造の氏姓を賜った。益救《やく》郡の大領で、外従六位下の加里瓦伽《かりか》たち一三六人には多褹《たね》直《あたい》を能満《のま》郡の少領で外従八位上の粟麻呂ら九六九人には居住所によって直《あたい》の姓を賜った。

また、聖武天皇天平五年の一二月六日条には「出羽の柵《き》を秋田村の高清水の岡に移し置いた。そして雄勝村に郡を建てて人々を居住させた」と書かれ、四年後の聖武天皇九年（七三七）一月二二日条には大野東人の要請により、陸奥国と出羽柵の間にある雄勝村を征して多賀城から秋田柵にいたる直路を通すために、持節大使藤原麻呂らが多賀城に派遣されます。この年四月の藤原麻呂・藤原武智麻呂・藤原宇合（不比等の子四人）が天然痘で死去します。

南朝鮮住民による南西諸島への渡来

こうして見ると、南西諸島（九州南端から台湾北東にかけて位置する島嶼群）に加羅系倭国と百済系倭国の両国名に由来する地名が分布することは、加羅系倭国の時代と百済系倭国の時代、すなわち古墳時代に南朝鮮住民が南西諸島に多数渡来したことを示しています。

五世紀の初めから五世紀後半にかけて加羅系倭国は加羅住民を多数移住させて、各島嶼《とうしょ》の弥生人を征服します。その結果、加羅系渡来人が南西諸島の主な島嶼の支配層を形成します。

そして百済系倭国の時代（六世紀から七世紀の前半）には、百済系倭国が多数の百済住民を南西諸島に移住させ、主な島嶼の支配層の上層部を占めさせます。事実、『続日本紀』光仁天皇宝亀三年（七七三）四月二〇日条に坂上刈田麻呂（坂上田村麻呂の父）が次のように上表したと書かれています。

檜前忌寸《ひのくまのいみき》の一族をもって、大和高市郡の郡司に任命しているそもそもの由来は、彼等の先祖阿知使主《あちのおみ》が、軽嶋豊明宮《かるしまのとよあかりのみや》に天下を治められた応神天皇の御代に、朝鮮から一七県の人民を率いて帰化し、天皇の詔《みことのり》があって、高市郡檜前《ひのくま》村の地を賜り居を定めたことによります。

およそ高市郡内には檜前忌寸の一族と一七県の人民が全土いたるところに居住しており、他姓の者は十のうち、一、二割程度しかありません。

坂上刈田麻呂のいう「軽嶋豊明宮」「高市郡檜前村」は見瀬丸山古墳や石舞台古墳をふくむ現在の橿原市の南側と明日香村一帯をさしています。その明日香（飛鳥）は『日本書紀』応神天皇二〇年（二八九、己酉）九月条に次のように記されています。

倭漢直《やまとのあやのあたい》の祖阿知使主《あちのおみ》とその子の都加使主《つかのおみ》とが、共に一七県の自分の党類を率いて来朝した。

『日本書紀』編纂者は「新旧二つの朝鮮からの渡来集団」の「新」の集団の始祖王応神（倭王武＝昆支）の渡来を約一六〇年（古く）遡らせて書いています。このように百済系倭国の王昆支の時代に飛鳥地方に膨大な数の百済人を移住させています。したがって南西諸島の島嶼に移住させていないはずはありません。（『日本地名の語源』１８７ｐ）

弥生時代以降、南西諸島の支配者層を構成していた南朝鮮系渡来人は相互に通婚するとともに被支配者層とも通婚することによって南西諸島住民の形質は変化します。南西諸島の現代住民の頭計分布によれば、中頭（頭長幅指数七六・〇～八〇・九）区と短頭（頭長幅指数八一・〇

～八五・四）区が相半ばします（金関丈夫「人類学からみた古代九州」『日本民族の起源』）。したがって現代南西諸島住民の短頭形質の大部分は、古墳時代に多数渡来した南朝鮮住民がもたらしたものと考えられます。

加羅系倭国は隼人（以下、ハヤト）の首長たちを通じてゆるやかに支配していたように、南西諸島住民も加羅系倭国の首長（王）たちをゆるやかに支配していたのでしょう。というのも、当時、多くの小王国に分立していた南西諸王はそれぞれ加羅系倭国に朝貢していたと考えられるからです。

しかし百済系倭国（昆支＝応神系）になると、南西諸島の多くは百済系倭国に朝貢するようになります。すでに述べましたように、『琉求国伝』に隋の使者が「琉求」から持ち帰った布甲を見て、倭国の使者が「夷邪久国人」の使用する物だと言ったとありますが、倭国の使者が「夷邪久国＝南西諸島を倭国の朝貢国と言わなかったのは、隋と領土問題で争うことを避けたためです。

『琉求国伝』によって七世紀初頭の南西諸島、おそらくは沖縄諸島の様子が知ることができます。『琉求国伝』には「上は山洞多し。その王の姓は歓斯《かんし》氏、名は渇剌兜《からと》という」とあり、王の居る場所は「波羅檀洞《はらたんどう》」〔筆者注：塚田敬章によると洞窟ではなく三重の水壕柵、トゲのある樹木の生垣で囲われている〕と言い、国に四、五人の帥がいて諸洞を統括し、各洞には「小王」がいると書かれています。

考古学の通説では琉球（奄美以南の南西諸島）は、本土から古墳文化が伝わらず、一一世紀頃までは貝塚時代とされています。したがって王などが現れる時期はその後に続くグスク（城塞）時代とされています。グスク時代とは沖縄・先島諸島および奄美群島の時代区分の一つです。歴史学者には貝塚時代は「按司時代《あじじだい》」とも呼ばれています。

そのため「王」や「小王」がいた琉求国は南西諸島ではないという説が有力です。しかし考古学界の通説はその時点での発掘結果から作られたものにすぎないので、つねに訂正が必要とされます。例えば日本列島で旧石器時代の遺物が発見される前は、日本列島には旧石器時代がなかったというのが考古学界の通説でした。

古墳時代があった南西諸島

北部九州で縄文時代の水田跡が発見されるまでは、縄文時代の社会は採集漁労社会で農耕は行われてなかったというのが考古学界の通説でした。琉球方言が「日本祖語」と分岐した時期を五、六世紀頃とする言語学の成果や、南西諸島の地名の語源からみても、南西諸島に古墳文化が流入したことは確実と見なければなりません。

また七世紀に邪古（屋久島）・波邪（口永良部島か）・多尼（種子島）の「三小王」がいたことを知らせる『新唐書』日本伝の記事からも、当時、琉球諸島や奄美諸島にも「王」がいたと考えるのが自然です。

『琉求国伝』は琉求国住民の容貌について「深目長鼻、頗る胡《こ》に類す）と記していますが、「胡」は中国北方の異民族の呼称ですから、この記事は南西諸島に北方モンゴロイドが多数渡来したことを示唆しています。また『琉求国伝』は住民の風習について「男子は髭鬢《しひん》を抜去し、身上有毛之処皆亦除去す」と記していますが、南西諸島を構成していた北方モンゴロイドの先住民族が体毛の多いことから、この風習は北方系の支配層の好みから生まれたものとみて差し支えないでしょう。

『琉求国伝』は琉求国で稲作などが行なわれていたと書いていますが、『日本書紀』天武天皇一〇年（六八一）年八月条に「多禰国」（種子島）について「粳稲《いね》常に豊かなり」とあり、当時、種子島で稲作が盛んに行われていたことが分かります。

さらに『琉求国伝』には琉求国には刀・剣などがあるが、鉄が少ないので刃が皆薄小であり、骨角で補助することが多く、紵《からむし》（植物名）を編んで甲とすると書いています。この記事から も本土の古墳時代に刀・剣などの鉄製武器がもたらされたが、その量が少なかったことがわかります。本土の古墳時代にあたる沖縄先史時代後期の遺跡から鉄器が今まで出土していないのは、加羅系・百済系両渡来人が琉球にもたらされた鉄器の量が少なかったからにちがいありません。

『琉求国伝』には死者を葬る時、墳を築かないとあるので当時の本土の風習と違って、南西諸島では首長（王）の古墳が築造されなかったことが分かります。首長（王）の権力が強くなかったことと、人口が少なく古墳を築くための労働力が確保できなかったためでしょう。

朝鮮半島からの新旧二つの渡来集団によって日本の古代（四世紀後半から七世紀前半）が建国されたと、石渡信一郎は次のように指摘しています。

『琉求国伝』の王の名前「渴刺兜」の「刺」は吐噶喇列島《とかられっとう》の「噶《かつ》」と同音であり、「兜」の漢字音はふつうトである。そこで、「渴刺兜」はカラトの表記と見られるが、ハヤト（隼人）がハヤヒトの転訛であるように、カラト（渴刺兜）はカラヒト（加羅人）の転訛と考えられる。

また、琉求国の王の姓「歓斯」は、『日本書紀』継体天皇紀二三年（五二九）四月条にみえる、古代朝鮮の小国の王号「干岐《かんき》」がカンシと訛ったもので、琉求国王が王号カンシを自分の姓としていたのか、または隋の使者がこの王号を王の姓と間違え得たのか、そのいずれだろう。

琉求国の王が居住していたという「波羅檀洞《はらたんどう》」のハラタンも、「カラ（加羅）・チ（城）」のカラがハラに変わり、チがチ→タ→タンと転訛した地名か、または、「カナカラ（大南加羅）・チ（城）」のカナカラがカナカラ→カナアラ→カナラ→ハラタと変わり、チ→ニ→ヌと転訛した地名である。

このように遣隋使や遣唐使の派遣によって倭王権は種子島や屋久島の重要性を認識するようになりました。特に九州最高峰の屋久島の宮之浦岳（一九三六メートル、鹿児島県熊毛郡屋久島町）は、危険な南航路の重要な目印となります。益救《やく》神社は屋久島のシンボルとして祀られるようになったのです。

◆おわりに

「辺野古三区助成金」

昨年（二〇一五）の一〇月のことですが、菅義偉官房長官（安倍内閣）が名護市の辺野古、豊原、久志の久辺《くべ》三区に助成金三九〇〇万円の追加援助をするという新聞記事を見て、ついにむらむらと沸き立つ癇癪《かんしゃく》を抑えることができませんでした。

実は「辺野古三区助成金」の新聞記事の数日前、「安倍晋三（自民党総裁）が参議院選挙の遊説先の北上市（小沢一郎の選挙区）で〝安倍貞任の末裔の私が岩手県に帰ってきた〟という記事をネットで知り、この一国の首相のわざとらしい、節度のない発言に憤慨していた矢先でした。

その頃、私は『エミシはなぜ天皇に差別されたか』（彩流社）の執筆に専念していましたが、在野の古代史研究家が指摘するエミシが縄文系アイヌであり、沖縄人が東北のエミシと同じ先住民であることが納得できるようになっていました。

しかしなぜ私は何千キロも離れた辺野古の住民のために政治家の菅官房長官や首相（安倍）の発言の類にいきり立たなければならないのでしょうか。たしかに福島原発の事故以来、私は東北と関係のある話になると現政権の彼らにすっかり怒りっぽくなっています。私にとって白河と勿来《なこそ》の関以北は古来、天皇・藤原氏・源氏による侵略・支配の歴史だからです。

私は沖縄のことをまったく知らないわけではありません。これまで四度ほど沖縄に行きましたが、三回目（二〇一四年＝平成二六）と四回目（二〇一五年＝平成二七）は鹿児島・那覇間を船で往復しました。そして三回目の時は那覇から名護市（約七〇キロ）までバスで行き、途中、辺野古の近くの海で泳ぎました。

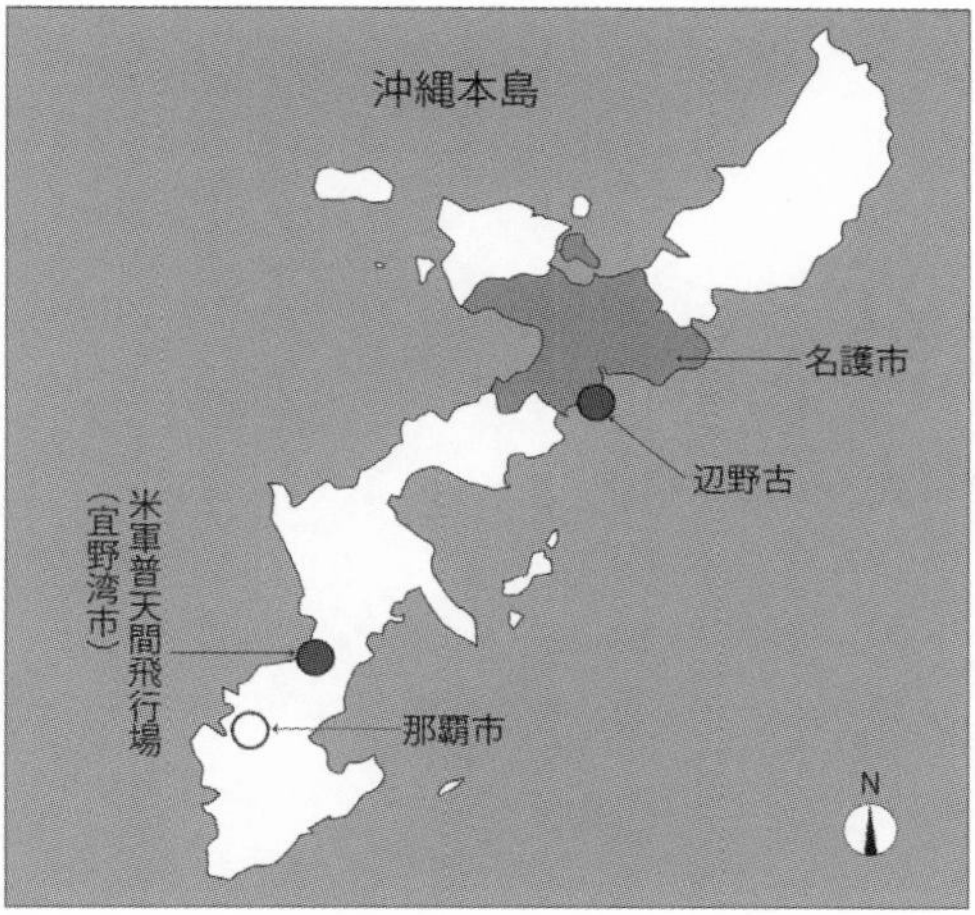

だからといって辺野古の人たちと親しく話したわけではありません。三四度から三五度前後の炎天下、バス停から数十軒ほどの街並みを通りすぎましたが、そこが辺野古三区のどこだったか今でもはっきりしません。バスの乗り継ぎ時間もあり、テント村に寄ってからキャンプ・シュワブの鉄条網を張っている砂浜まで歩き、また同じコースを通ってバス停に戻るだけで精一杯でした。

〈筆者注〉キャンプ・シュワブ：沖縄戦で活躍したアルバート・シュワブ一等兵にちなんで命名。沖縄本島北部の久志岳下方傾斜に位置する沖縄名護市と国頭郡宜野座村にまたがる在日米軍海兵隊の基地。面積は約二〇・六三平方キロメートルで、そのほとんどは名護市が占め、施設・区域の上空二〇〇〇フィートまで米軍の使用が認められている。一九四五年四月五日、米軍はこの地域を占領し、同施設を補給基地として使用、同年六月二五日今帰村、伊江村、本部町の住民がこの地域に引っ越してきた。

連鎖する血縁・地盤・人脈

さて、そこで少し冷静になり先の「辺野古三区の助成金」（新聞）と「安倍貞任」（ネット）の記事からキーワードを拾ってみると次のようになる。

辺野古・菅義偉（官房長官）・岩手・安倍晋三（自民党総裁）・小沢一郎・北上市・安倍貞任、そして私。

これらキーワードには、一〇〇〇年前の（平安時代末期）の陸奥国俘囚長安倍貞任も含まれています。しかし私の歴史認識から言えば「前九年の役」（一〇六二年）の北上地方（日高見国）は安倍貞任の本拠地です。小沢一郎はその北上市に隣接する水沢市（現奥州市）の出身です。

菅義偉の出身地は秋田県雄勝郡安芸秋ノ宮村（現湯沢市秋ノ宮。八世紀中頃の雄勝柵の近く）で、私の出身地は平郡福地村深井（現横手市雄物川町深井。後三年の役の沼柵に近い）です。しかも「後三年の役」は「前九年の役」との複雑な血縁関係による諍《いさかい》に源義家が介入して起きた内乱です。

最近出版された松田賢弥の『影の権力者内閣官房長官菅義偉』（講談社＋α文庫）によれば、菅・小沢の国会議員としての関係や田中（角栄）派経世会における小沢一郎と梶山静六（常陸太田市選出の国会議員）の確執や、奥羽山脈を挟んでの自然・血縁・地盤の話は付け足す余地のないほどよく書かれています。

〈筆者注〉内海聡著の『99％の人が知らない「この世界の秘密」』という穿った本があります。この本によれば、かつての自民党の二大派閥、「清和会」と「経世会」があり、清和会系は福田赳夫→小泉純一郎→安倍晋三、経世会は田中角栄→竹下登→橋本龍太郎→小渕恵三です。清和会は米国の手下、経世会はアジア外交重視の政治家です。

内海聡によれば、首相経験者の末路をみればその差は一目瞭然です。清和会（会の名称は清和源氏に由来か）はみな長生きで政権も安定、一方、経世会は次のような具合です。田中角栄：ロッキード事件で失脚、脳梗塞。竹下登：リクルート事件で失脚、変形性脊椎症。橋本龍太郎：一億円ヤミ献金事件で政界引退、六八歳で死去。小渕恵三：任期半ば脳梗塞で倒れ、六二歳で死去。金丸信、鈴木宗男、小沢一郎も経世会です。

これらの経世会の政治家の起訴は東京地検特捜部によって行われ、特捜部の前身が「隠匿退蔵物資事件特捜部」（米軍占領前隠した資産などを探し、摘発する部署）であり、地検のキャリアは皆ＣＩＡ（ユダヤ権力）の教育を受けていることが公式に明らかになるというのです。

ところで『影の権力者内閣官房長官菅義偉』のライター松田氏も岩手県出身で菅官房長官と年齢が同じということですから気が合うのは当然です。松田氏によれば菅義偉は梶山静六（一九二六―二〇〇〇）を師とし、梶山の政治理念「愛郷無限」（故郷を想うことなくして国を愛することはできない）を継承しているそうです。

そう言えば梶山静六の郷里常陸大田は秋田に移封された佐竹氏の居城があったところです。佐竹氏の始祖源義光（義家の弟）は後三年の役の合戦で八幡太郎義家と一緒に金沢柵を攻め滅ぼします。義光の孫源昌義は常陸佐竹郷に居住し、佐竹氏を名乗ります（現秋田県知事佐竹知事は佐竹北家第二一代当主）。こうしてみると、菅義偉と梶山静六はまんざら関係がないわけではなく、佐竹藩を通して秋田と茨城は血脈関係のある県同士ということとります。

橋本首相と大田沖縄県知事

それればかりではありません。梶山静六は橋本龍太郎内閣の官房長官を二期務め「特措法（駐留軍用地特別措置法改正案」の審議・採決にかかわっていますが、当時の首相橋本龍太郎については「東京新聞」（二〇一六・四・一〇）に元沖縄県知事大田昌秀のインタビュー記事、また故梶山静六についてては毎日新聞（同・六・三）が一面トップに記事を載せています。

当時、大田知事は普天間飛行場の返還にともなう辺野古へリパッド基地建設に反対を表明します。普天間飛行場返還合意（一九九六・四）が発表された日、橋本首相から大田知事に電話が入ります。元沖縄県知事大田昌秀のインタビュー記事を次に紹介します。

「返還県内移設が条件と説明を受けたか」と記者。

「首相から直接電話があったので謝意を伝えた。この時、首相は移設について言及しなかった。〝これから県も政府に協力してほしい〟と求められ、県幹部と議論してから決める〟と説明した」と大田氏。

「首相の反応は」と記者。

「受話器の向こうでムッとした様子で〝俺だって誰にも相談せずに米側と普天間を返すと決めた。たまには知事も独断で決めるべきだ〟と主張された。〝それはできない〟と申し上げた。普天間飛行場は橋本政権の一九九六年の四月に日米が全面返還で合意し、五年から七年以内の実現を目標とした。九九年、政府は移設先を名護市辺野古沖に決定。反対運動が起きる中、〇六年に日本の滑走路を離陸と着陸で使い分け、集落の上空の飛行を避けるV字滑走路とすることで建設計画が決着。日米両政府は二〇一四年までの返還で合意した。しかし、鳩山政権が〇九年、県外移設を模索して迷走。一〇年に日米両政府は改めて辺野古移設で合意し、安倍政権もこの方針を維持している」と大田氏。

「移設先が辺野古と最初に認識した時期は」と記者。

「一九九六年の日米特別行動委員会（SACO）の最終報告に、沖縄本島東南岸沖の代替施設が盛り込まれた時だったと思う」と大田氏。

「なぜ辺野古に決まったと思うのか」と記者。

「六〇年代、米軍から委託を受けた米設計会社が沖縄全体を調査して最終的に辺野古が一番いいという結論を下していた。当時ベトナム戦争が泥沼化して国防費に充てる金がなく頓挫した。今回は日本の税金で造れるので工事が進んでいるのだろう」と大田氏。

故梶山静六（内閣官房長官）の書簡

ところで梶山元官房長官についての記事とはどんな内容でしょうか。毎日新聞は「辺野古決定　政権の本音」「官房長官九八年に書簡」「本土の反対懸念〝名護より他ない〟」という大見出しです。

毎日新聞記事の趣旨は「米軍普天間飛行場（沖縄県宜野湾市）の返還に米側と合意した故橋本龍太郎元首相の下で沖縄問題を担当していた故梶山静六長官が一九九八年、本土（沖縄県外）の基地反対運動を理由に、同県名護市への移設以外ないと記した直筆の書簡が残されていることがわかった」というのである。

そして書簡の内容（抜粋記事）とは毎日新聞によれば次の通りです。

　シュワブ沖以外に候補地を求めることは必ず本土の反対勢力が組織的住民運動を起こすことが予想されます。比嘉前市長の決断で市として受け入れを表明し、岸本現市長が「受け入れ」のまま市の態度を凍結するとしている名護市基地を求め続けるほかは無いと思います。

この抜粋記事について毎日新聞は次のように解説しています（一部省略）。

普天間返還と名護市辺野古のキャンプ・シュワブ沖への機能移設を巡っては九七年一二月、名護市の住民投票で反対多数となりながら、当時の比嘉鉄也名護市長が受け入れと辞任を表明し、翌九八年二月に行われた市長選で比嘉氏後継の岸本武男氏が当選。書簡はそれからまもなく書かれたとみられる。（省略）

梶山氏は九六年一月～九七年九月に官房長官を務め、退任後も防衛庁幹部とともに現地を訪れて要望を聞くなど沖縄問題に傾注した。書簡の宛先は九八年七月まで続いた橋本内閣の「密使」として革新系の大田昌秀沖縄県知事（当時）との橋渡し役を担った下河辺淳元国土庁事務次官。梶山氏の郷里茨城の先輩であり、書簡は「愚考も参考にしていただければ幸いです。下河辺先輩」と結ばれていた。（省略）

下河辺氏と交流のある、前泊博盛沖縄国際大学教授（基地経済論）は「書簡には抑止力など建前論がなく、〝他の自治体が引き受けないから沖縄に押し付ける〟という政府の本音が見てとれる。その意識は二〇年たった今も変わらず、普天間問題の源流になっている」と指摘している。

夷を以って夷を征する

さて、ご存知のように安倍首相の官房長官菅義偉（沖縄基地負担軽減担当大臣）は普天間（宜野湾）飛行場の辺野古（名護市）移設推進の先陣をきっています。二〇一三年（平成一五）一二月菅官房長官は松田賢哉氏に会った時、次のように語ったと書かれています。

沖縄問題は、アメリカとの、もしくは日米安保の分水嶺になる。沖縄県の仲井真知事は分かってくれると思う。名護・辺野古への移設問題は昨日今日、始まった話ではない。俺は、梶山さんの墓前に官房長官の就任挨拶に行った際、「私の時に名護は決着させます」と報告してきたんだ」（『影の権力者内閣官房長官菅義偉』）。

菅官房長官が松田賢哉に語った二〇一三年一二月（日付なし）ですが、その一二月二五日仲井真知事（当時）は安倍首相と会談し、その二日後の一二月二七日辺野古埋め立て承認の発表をしています（沖縄県民には「仲井真知事裏切り事件」と呼ばれています）。

仲井真知事は一二月下旬東京の病院に入院（仮病の噂あり）しますが、知事の入院中に菅官房長官は「安倍・仲井真会談」の段取りをしたのでしょう。菅官房長官が松田氏に〝辺野古移設の自負〟を語った日が仲井真知事の埋め立て承認の前か後かはっきりしません。いずれにしても菅官房長官は仲井真知事と密談したのでしょう。

私の癇癪の理由を端的に言いますと、菅官房長官（政府）が沖縄辺野古の住民に対して行った助成金の追加は、天皇家・藤原氏が古代・中世にかけて東北地方に対して使った〝夷を以て夷を征する〟手法だからです。

その古くさい手法にかき回され、近隣の者同士が互いに争います。前九年の役、後三年の役は日本の歴史のなかでも大きな事件です。菅義偉もそうですが、私もまた被支配の歴史をもつ人々の末裔です。私はそのことを何ら反省することなく振舞っている〝無知〟を恥じ入り、怒っているのです。

新知事翁長氏を差別・冷遇する政府首脳

ところで二〇一四年一月一六日の沖縄県知事選挙の結果ですが、翁長雄志が前知事仲井真弘多に約一〇万票の大差をつけて初当選を果たします。投票率六四・一三％、当日有権者数一〇九万八三三七人です。得票率の多い順に並べると、翁長雄志：三六万〇八二〇票（五一・七％、仲井真弘多：二六万一〇六票（三七％）、下地幹郎：六万九四四七（九・九％）、喜納昌吉：七八二一票（一・一％）です。

翁長雄志新知事の勝利は日本共産党・生活の党・社会民主党・沖縄社会大衆党・「新風会」の支持・推薦や地元の経済団体によるものと、公明党が前仲井真知事の辺野古埋め立て承認に反発して自主投票にまわったからです。

〝オール沖縄〟の新知事翁長氏は揚々たる気持ちで二〇一五年一月六日から九日にかけて新年度予算の要請の件で上京します。ところが八日永田町の自民党本部で沖縄関連予算を議論する会議が開かれましたが、翁長沖縄知事は招かれません。

前日の七日も沖縄特産物のサトウキビの交付金のことで西川公也農水大臣（栃木二区選出）に面会を求めますが拒否されています。翁長知事は新知事に就任後も上京して山口俊一沖縄担当相（徳島二区選出）とは会うことができましたが、菅官房長官や政府閣僚に新任の挨拶をすることができませんでした。

『琉球新報』（二〇一五・一・八）は、「西川公也農水相が上京中の翁長知事とは合わず、地元自民党議員や新崎JA（全農）中央会長だけに応じたことで、米軍普天間飛行場の辺野古移設に反対する翁長氏に対する冷遇が、政府内での統一対応であることを印象づけた」として次のような論説しています。


政権は沖縄振興予算の減額に踏み切る構えで「振興策と基地問題はリンクしない」（菅義偉官房長官）としてきた方針を捨て去ろうとしている。安倍政権は辺野古埋め立てを承認した前県政下で沖縄振興や基地負担軽減策に関し「できることは全て行う」と繰り返してきた。だが翁長氏の当選後は「（翁長氏の）考えを見極めた上で行う」（菅氏）という発言を変化させた。

政権の意向に沿わない沖縄の首長を振興策で冷遇し、翻意を促そうとする「常套手段」は過去も繰り返された。一九九八年（平成一〇）に普天間飛行場の代替基地建設の反対を表明した大田昌秀知事との対話を野中広務官房長官（第一次小渕内閣）らが拒み、各省庁で検討が始まっていた新たな沖縄振興策の協議中止を指示したこともあった。

だが、今回の安倍政権は沖縄振興予算本体の大幅削減をちらつかせて対話の窓口を閉じようとする点で、より対応が露骨だとの指摘が県内から上がる。

『琉球新報』（一・九）はこのような政府の翁長氏への露骨で見せしめ的な冷遇について、沖縄県選出の自民党国会議員、市民、キャンプ・シュワブで抗議活動をしている市民の声を取材しています。

「呼ばないのは仲井真知事じゃなかったから」と自民党幹部。「翁長知事と政府との間にパイプがないことを示せればよい」と沖縄選出の自民党国会議員。「あまりにも露骨」と普天間飛行場のある宜野湾の主婦。「嫌がらせ以外のなにものでもない。政権や自民党は沖縄に寄り添うと言いながら世論に耳を傾けない」と沖縄平和運動センターの山城博治議長。

翌日も「琉球新聞」（一・一〇）は安倍政権の面会拒否について、那覇市長の城間幹子氏や稲峯名護市長の怒りの声を取り上げています。「政府と考えが違うから会わないと対応される知事は全国にいない。政府は〝県民に理解してもらいたい〟というが、言葉と行動が全く違う。国民、県民に政府の対応を見て欲しい」（稲峰那覇市長）。

また作家の佐藤優氏（母が沖縄県久米島出身）は東京を訪問した翁長雄志知事に日本の安倍晋三首相、菅義偉官房長官ら政府関係者が会わなかったことについて『琉球新報』（一・一〇、連載「佐藤優のウチナー評論」）で次のように語っています。

繰り返すが、挨拶を受けないと言うのは、一般常識で「あなたとは付き合いません」と言う意味だ。外交や政治の世界でもこれは同じで極めて無礼な行為である。

翁長氏は沖縄の有権者の直接選挙によって当選した民意を体現した人物である。安倍首相、菅官房長官が翁長知事を冷遇するということは、同時に沖縄県民を冷遇するということである。このツケが高くつくことを、あの人たちに教えてやろうではないか。

東京の中央政府は「沖縄振興予算を減額するゾ」と恫喝《どうかつ》をかけているが、日本の予算は良い意味でも悪い意味でも官僚による積み重ね方式になっている。

政治主導ができない。それによって国を進めようとしていた事業ができなくなってしまうからだ。政府が沖縄振興予算を減額しても最大一割だ。それで沖縄がふにゃふにゃになって辺野古の新基地建設を受け入れると勘違いしている。沖縄が総力を結集して、日本の政治エリートによる勘違いを撃退する必要がある。

米軍キャンプ・シュワブのゲートの前で……

政府の翁長新知事冷遇事件が報道された翌日の一月一〇日の午後七時過ぎ、米軍キャンプ・

シュワブ内に仮設桟橋に関連する資材や工事用の重機が運び込まれます。ちょうど抗議運動の市民らが現場を引き上げた後でした。

午後一〇時過ぎ現場に再度終結した住民らはゲート前で警官ともみ合います。市民、住民たちは「夜も作業をするのか」「だまし討ちだ！」と沖縄防衛局のやり方や市民を排除する警官に怒りをぶつけます。

この日は資材を積んだ大型トラックが最初にゲート前に姿を見せたのは午前七時過ぎです。市民らは通常午前八時ごろから座り込みを始めますが、この日は早めに現場にいた市民らが抗議すると大型トラックはいったん引き上げます。

しかし午後七時三〇分ごろ七台連なった大型トラックが市民の抗議活動を押し切りキャンプ・シュワブ内に入ります。市民らはゲート前にある山形鉄板に椅子を置き抗議活動を開始します。午後七時から午後一一時四五ごろまでミキサー車やクレーン車計一〇台がキャンプ・シュワブ内に入ります（『琉球新報』二・一一）。

同じ日の『琉球新報』（二・一一）に前泊博盛（現沖縄国大教授、前琉新報論説委員長，宮古島生まれ。『本当は憲法より大切な「日本地位協定」入門』はベストセラー）の「沖縄は日本の試金石」と題する約一六〇〇字の評論が掲載されます（一部省略）。

二〇一五年。沖縄では米軍新基地建設をめぐり、「流血の惨事」への懸念が高まっている。懸案の米軍普天間飛行場移設問題で、安倍政権が選挙で示された沖縄の民意を無視し、代替施設とされる名護市辺野古岬への米軍基地建設を強硬に進めているからである。

二〇一二年一二月の衆院選で「県外移設」を公約に掲げ当選した沖縄の自民党所属の議員四人全員が、石破茂幹事長（当時）に一喝され、一三年末「県内移設」に転じさせられた。同じく県外移設を掲げ再選を果たした当時の仲井真弘多知事が、その直後、沖縄振興予算を五〇〇〇億円上積みされた移設容認に転じ「政府にカネで沖縄を売った」と県民の猛反省を買った。

国会で多数を占める安倍政権が、その気になれば選挙で示された沖縄（地方）の民意などはひとたまりもない。ポストとカネと恫喝で、いとも簡単にねじ伏せてしまう。この国はいつから選挙で示された「民意」がカネや恫喝でねじ曲げられるようになったのか。

昨年も沖縄では普天間移設の是非をめぐる四大選挙（名護市市長選、名護市市議選，県知事選、衆院選）が行われた。いずれも「県内移設反対」を掲げる候補や政党が圧勝した。沖縄は選挙で「県内ノー」の明確な民意を表明した。

ところが安倍政権は昨年末の衆議院選挙で圧勝し、「国民の信任を得た」として沖縄の民意を無視し、辺野古への新基地建設を「粛々」（菅官房長官）と〝強行〟している。そもそも危険な普天間飛行場撤去から始まったはずの「沖縄の過重な基地負担軽減」が、いつの間にか米軍の新基地建設問題にすり変わっている。しかも最大一兆円とされる建設・維持費も国民の血税で賄われる。

建設の賛否をめぐり国民同士が衝突を繰り返し、血を流す。なのに、新基地が誰のために、どんな基地なのか、詳細は知らされず、肝心の米国はカネも口も出さず、終始高みの見物を決め込む。

「沖縄問題」は日本全体の民主主義の質を問う試金石であり、日本全体の問題である。同時に沖縄は戦後日本の「民主主義のカナリヤ」である。政治学者の丸山真男はファシズムの台頭を防ぐには「端緒に抵抗せよ」と説いた。沖縄の息が詰まれば日本の民主主義の息が止まる。

前泊氏の論評を長々と引用しましたが、「アメリカが日本政府と沖縄の争いを高いところから見ている」のは、アメリカが日本の本当の支配者だからです。また、私が先述したような〝夷を以て夷を征する〟（前九年・後三年の役）日本古来の古くさい手法をアメリカが今日本に対して用いているからです。

前泊氏は自著『本当は憲法より大切な「日米地位協定」入門』で「米軍が自国ではできない危険なオスプレイの訓練をなぜ日本でできるのか」「なぜアメリカの行為が日本国憲法に制約されないのか？」など、「日米地位協定」（一九六〇年＝昭和三五年一月一九日、新日米安保条約第六条に基づき日本とアメリカ合衆国との間で締結される）の下でアメリカに従属する日本の立場を見事に解明しています。

〝耐用年数二〇〇年〟の軍事基地

「琉球新聞」（一・一三）は第一面に〝沖縄振興予算三〇〇〇億円、辺野古でも知事牽制〟の見出しで「政府は二〇一五年度沖縄振興予算を本年度の三四〇〇億円から減額して三三〇〇億円台とすることを固めた。辺野古移設を容認した仲井真前知事が一四年度に概算要求を超える額を確保したのとは一転、百数十億の減額となる」と報道しています。

また裏面（二面）には〝政府説明に疑問、飛行経路は不透明〟の見出しで、辺野古に移設した場合の「飛行経路」や安倍首相の説明に疑問があると次のように報じています。

安倍首相は昨年の参議院本会議で「（普天間飛行場周辺は）住宅防音が必要となる地域に一万数千世帯が居住しているが、移設後はこのような世帯はゼロになる。騒音の値は居住地専用に適用される環境基準を満たす」と述べ、辺野古に移住すれば騒音被害はほぼなくなるとの認識を示した。

首相発言の根拠は、防衛相が辺野古の新基地に関する環境影響評価で航空機は海上を飛行するとの「場周経路」を示したことだ。防衛省は当初、V字形の滑走路から台字形に飛行するとの場周経路を二〇〇九年に示していたが、「航空機は台形に飛べない」との米側の主張を受け入れ、一一年一二月に県に提出した環境影響評価書で楕円形に修正。海上だけに周囲の経路を描き、集落などの陸上部分は飛行しないかのように説明している。（略）

名護市辺野古地区の嘉陽宗克区長は首相の発言に対し、「沖縄高専付近のヘリパッドに着陸するとうるさい。ゼロになるとは思えない」と指摘。「移設受け入れの条件として要請内容でも重要の項目だ」と主張している。

翌日の「琉球新聞」（一・一四・社説』）は安倍首相の辺野古発言に対して、「辺野古にはオスプレイの運用だけにとどまらない施設が併設される。強襲揚陸艦の全長と同規模の長さ二七二メートルの護岸や揚陸艇の陸揚げが可能な斜路などの軍港機能や弾薬搭載区も整備される。現在の普天間には軍港機能も弾薬搭載区域も存在しない。明らかに強化機能である。移設ではなく新基地建設にほかならない」と指摘し、昨年末の翁長新知事誕生以降さらに盛り上がっている辺野古反対をまやかす狙いだとしています。

「社説」によると米国国防省は報告書で普天間代替施設について「運用年数は四〇年、耐用年数は二〇〇〇年の施設として設計されるべきだ」と記しています。耐用年数二〇〇〇年基地がなぜ負担軽減になるのか。移設が「負担軽減」どころか「負担増大」になるのが明らかです。

〝国家統合の危機〟

『琉球新報』（二・一四）によれば、沖縄防衛局は一月三〇日から海上作業の準備を始めます。午前八時頃、防衛局の旗印を掲げた警戒船や潜水作業船など約三〇隻が名護市汀間漁港を出港し臨時制限区域を示す形でラインを引くように海上に停泊します。また「朝日新聞」（一・一五）は次のように報じています。

沖縄防衛局は近く、中断している辺野古移設沿岸部での改定ボーリングを再開する。一四日から一五日にかけ、調査のための重機を移設予定地に搬入、座り込みを続ける反対派と県警の機動隊がもみ合いとなった。ボーリングが再開されれば、昨年一一月の知事選で移設反対を訴える翁長雄志が当選以降、初の作業となる。

一五日正午ごろには、キャンプ・シュワブの沿岸に仮設の浮桟橋を設置する作業を始めた。一四日夜はシュワブ内への重機の搬入をめぐり、二四時間態勢で座り込む市民と機動隊が激しくもみ合った。防衛局は昨年八月、埋め立てのために地質を調べるボーリング始めた。

当初は一一月末までの予定だったが、台風などのため中断、一一月の知事選挙直後に再開準備を始めたが、天候悪化で延期し、その後も作業は行われなかった。防衛局は調査期間を今年の末までに延期している。

佐藤優氏は『琉球新報』(一・一七、連載「佐藤優の連載ウチナー評論」三六四)で辺野古問題についておおよそ次のように語っています。

この一週間、政治家や新聞記者から意見を求められることが多かった。ほぼ例外なくつまらない質問である。「安倍晋三や菅官房長官が面会しないので、翁長雄志は知事が困っているんじゃないですか」といった類の質問である。筆者はこう答えている。「民意を代表する沖縄県知事と会わないというのは、官房長官に沖縄県民を納得させる言葉を発することができないという自信のなさから出ていると私は見ています」「辺野古の新基地建設はできません」「中央政府に流血、すなわち沖縄人を殺し、怪我をさせてまでも基地を造るべきと考えている人がいるとすれば、その人は胸に手をあてて、その結果をよく考えてみることです」「沖縄人を同胞として取り扱わない中央政府から、沖縄の民意は自ら離れていきます。日本は国家統合の危機に直面します」

また某社社会部記者の次のような「辺野古基地に建設に反対して座り込んでいる沖縄県民と警察官もしくは沖縄防衛局が雇ったガードマンが衝突し、流血が発生する事態になり、血を流す沖縄の高齢者の写真が一枚『琉球新報』か『沖縄タイムス』の一面に掲載されれば、その一面の写真ですべて局面が変わります」。「沖縄ナショナリズムが刺激され、独立論が台頭し、辺野古の新基地建設どころではなくなる」と言う質問に、筆者は「中央政府が辺野古新基地建設を諦めればいいのです」と答えた。

〝沖縄独立論〟の流れ

沖縄独立と言えば、独立論に類似した記事が『琉球新報』（二〇一五・一・一二）に二つ掲載されています。一つは沖縄国際大学教授の友和政樹氏（琉球民族独立総合研究会代表）に対するインタビュー記事です。もう一つは『琉球新報』（同・一・一二）の連載「道標《しるべ》を求めて—

――琉球条約一六〇年主権を問う」で、前ＯＥＣＤの事務次長谷口誠氏に対する記事です。まず友和政樹氏から始めます。

「基地が返らないと不可能と言うことか」と記者。「基地が返った後に独立するのではなく、独立したら返ってくる。琉球が主権をもつからだ。ちなみに独立学会は全ての軍事基地の撤去をうたっている。この姿勢は譲れない。軍隊がいるからそこで戦争が起こる。基地があれば標的にされる。それが沖縄戦から学んだ教訓。基地の存在は経済問題の前に、命の危機が問題だ」と友和氏。

「外部をどう見るか」と記者。「琉球の位置を見ると、東京より近いところに上海、台湾という巨大なマーケットがあり、東京と同じくらいの距離に北京、香港、ソウル、マニラがある。決して〝南海の孤島〟ではなく、東アジアのセンターだ」と友和氏。

「資源は？」と記者。「隣の国々にはない。琉球が誇れる資源として清らかな海や空、独自の歴史、文化がある。スコットランドは石油があるから独立の機運が盛り上がったと言われるが、琉球には観光資源がある。観光資源は増えても減ることはない」と友和氏。

「独立の利点や意義は」と記者。「琉球のことは琉球人が決めることが可能になる。ヤマトにさまざまなことを強制され続けてきた状態から脱し自由になる。同時に東アジアや世界の平和センターを担うべき責任も生じる。歴史的にみても、アジアの国々、そして世界中から支援を得られると思う」と友和政樹氏。

もう一つの連載記事の「琉球条約一六〇年」の「琉球条約」と言うのは、一八五三年（嘉永六）四月マシュー・ペリーがサスケハナ号ほか三隻を率いて初めて那覇港に来航した翌年の一八五四年（安政元）六月一七日ペリーと総理官尚宏勲らが調印した「日米修好条約」のことをさしています。

「東アジアの共同体の利点は」と聞き手の谷垣毅記者（以下記者）。「二一世紀は間違いなくアジアが躍進する世紀だ。日本はアジアでエリート意識をもったらうまくいかない。日本は尖閣列島や従軍慰安婦問題で中国、韓国を怒らせている。米国が注意するほどだ。外交感覚が鈍すぎる。日中韓の信頼関係こそ共同体実現の鍵だ。安倍晋三の価値観外交は欧米価値観の押し付けだ」と谷口誠氏。

「どうすればいいか」と記者。「ＡＳＥＡＮは今年までに安全保障や環境の共同体をつくろうとしている。「ＡＳＥＡＮを立てて運転しながら、韓国や中国と後部座席に座るやり方がいい。それこそアジアの価値観だ。基盤として信頼関係が大切だが、北朝鮮問題があり、日本と中韓の間に領土問題が、歴史認識問題が障害となっている」と谷口誠氏。

「ＴＰＰ（環太平洋戦略的経済連携協定）の本質は」と記者。「米国が中国の地域統合の動きを牽制する狙いがある。ＴＰＰは東アジア共同体に対する一つのくさび。これができたら困るので東アジアに影響力を持ち続けるためにＴＰＰを主導している」と谷口誠氏。

「沖縄の可能性は」と記者。「沖縄は太平洋戦争の激戦地となった。戦争の怖さを知っている。本土よりも物凄い経験をしている。中国と東アジア共同体をつくる緩衝地帯になれる。障害を取り除く対話の場だ。歴史、文化、経済においてもアジアの交流の場だった。東アジアのへそとして果たす役割は大きい。日本政府ももっと真剣になって沖縄とアジアの交通路に投資すべきだ。東アジア共同体の本部は沖縄がいい。そうすれば沖縄は物凄く発展するし、沖縄の役割を果たせる」と谷口誠氏。

『沖縄差別と闘う』の著者仲宗根勇氏

翌日の『琉球新報』(一・一二)の文化欄に「独自の社会像構築——独立は方法論の研究必要」「新著『沖縄差別と闘う』の仲宗根勇さんに聞く」という見出しの仲宗根勇氏(一九四一年うるま市生まれ)の顔写真を見て、私はとても驚きました。まずは氏の発言要旨をピックアップしてお伝えします。

「著書でも、憲法を〝押しつけ〟と主張する人々は成立史を理解しないと書いている」と聞き手の宮城隆尋氏(以下、記者)。

「少しでも成立の歴史を知ればいい加減な押しつけ論が出てくるはずがない。最近のマスコミの姿勢もおかしい。安倍首相の演説を長々と放送し、会見で官房長官を持ち上げるような質問をする。自民党が選挙前に報道各社に〝公正さ〟を求めたことなど、報道への権力の介入にほかならない。マスコミ全体が総力で反撃すべきであった。個々で委縮してしまった」と仲宗根氏。

「朝日新聞の問題では他の新聞社からのバッシングがひどい。マスコミの自殺行為だ。慰安婦問題は歴史の上で厳然として動かない問題で、世界に誤解を与えたなどいう言説はおかしい。太平洋戦争前のマスコミに似てきたと感じる。権力の方に流れ、異端、少数派の声は小さくなって消されていく。沖縄二紙をはじめとする地方紙が真実を書いている。この頑張りが辺野古の闘いを支えている」と仲宗根氏。

「沖縄の自己決定権が問われ、独立を論じる機運も高まっている」と記者。「独立、自立という議論は戦後、ずっとある。復帰前後はじめ、戦後の沖縄史で節目には必ず独立論、自治論が出てくる。復帰前に反復帰論が展開された背景には、底流に独立、自立というものがあったと思う。しかしそれを明確に主張するには抵抗があった」と仲宗根氏。

「しかし昨今の国家権力による沖縄差別は、県民の代表である前翁長知事に安倍首相らが会おうとしないことに現れている。そういったさまが露わになるにつけ、独立を主張するようになったのだろう。ただその方法論についてはまだ研究が必要だ」と仲宗根氏。

「国連に働きかけている人々もいるが、国連関係の中で実現を模索するだけでなく、スコットランドのように中央政府と契約を交わす方法を追求すべきだ」と仲宗根氏。

「仲宗根さん、川満信一さんが発表した憲法試案（筆者注：『新沖縄文学一九八一年六月号』）が再び注目されている」と記者。

「独立後の沖縄の国家観、社会構造を変えなければ民衆に広がらない。これまで経済的な状況に振り回されて（独立しても）成り立たないという常識論で片付けられてきた。これまでの独立論の系譜を踏まえ、社会像を構築し、県民に提示することで初めて独立論が地に足を下ろすことになると思う」と仲宗根氏。

先に「仲宗根氏の写真を見てとても驚いた」と書きましたが、実は今から二五年ほど前に氏と沖縄で会ったことがあるからです。会ったばかりでなく『沖縄小数派』（三一書房、一九八一）を私が編集担当をしました。

当時、三一書房の竹村一（社長にして創業者）は、鈴木武彦（私の仕事仲間）の案内で沖縄に行ってからすっかり沖縄が気に入り、沖縄の本ならばどんな分野でも出版するようになったのです。もとより鈴木武彦は我部政男〔宜野湾市出身、政治学者我部正明の兄。外間守善と師弟関係。著書に『明治国家と沖縄』（一九七五）ほか多数。一九九一年より山梨学院大学教授〕とは東京教育大学（現筑波大学）時代の学友でした。

我部氏が琉球大学で政治・経済・歴史の教鞭をとっていたころ、私は生まれて初めて（一回目）の沖縄訪問が実現したのです。一九八〇年（四〇歳）の夏ごろです。我部氏の案内で彼の郷里宜野湾市や普天間飛行場、玉泉洞（南城市玉城字前川）を見物し、夜は著者仲間と五、六人が市内の居酒屋に集まり和気藹々と過ごしました。三木健さん、仲程昌徳さん、仲宗根勇さん、高倉倉吉さんの面々でした。

仲宗根さんとはその日の夜か次の日か忘れましたが、同じ年のせいか打ち解け夜更けまで話をしました。しかしその日以来、彼とは今回の琉球新報のインタビューの写真を見るまで電話で話したことも、会ったこともありませんでした。

私は『琉球新報』の写真入りの記事を見たその日のうちに未来社の西谷能英さんから仲宗根氏の近況と電話番号を教えてもらいました。さっそく電話を入れると「今、キャンプ・シュワブの座り込みに行っています。夕刻に帰ります」と夫人。夕食後の八時ごろ電話をすると「やあー、林さん、しばらくぶり！」とよく響く懐かしい声。「二五年ぶりです」と私。

『沖縄差別と闘う』に続いて出版した『聞け！　オキナワ』（未来社、二〇一五・九・一五）の序文で仲宗根さんは、「わたしは、ボーリング調査がはじまる前の二〇一四年七月からゲート前行動に参加し、現在は週二回定期的に四〇キロ離れた住居（うるま市）から辺野古に通うことを生活の基本としている」と書いています。〔筆者注：「朝日新聞」（二〇一五・六・一九）オピニオン耕論「沖縄を知っていますか」に掲載の「憲法を壊すなら自立を選ぶ」と題する氏の意見もご覧ください。〕

アキレウスは間近にやってきた

私は〝戦う老人〟が好きです。本でも「終りに」と「はじめに」が大好きです。私は私の最初の本『馬子の墓』（二〇〇〇年）の終章の最後で次のように書いています。この文をわが親愛なる仲宗根さんに捧げます。

平和と愛のための闘いはある。老人でも戦う。セルバンテスが描いた「才知あふるる郷士ドン・キホーテ・デ・ラ・マンチャ』の早起きの老人は本を読み過ぎて遍歴の騎士となった。近所の田舎娘ドゥルシネイヤも、キホーテにとっては死をかけてまもらなければならない尊敬すべきかつ最愛の姫であった。

老人も愛のために戦うのか。かつて私はまだ日も上らぬ朝まだき頃、故郷の田圃の畔で、瀬戸内海のある漁村の突堤で、痩せぎすの老人がたった一人で佇んでいるのを見た。

私にはその姿がトロイの城壁から出て青銅の鎧に身を固めて、いまかいまかとアキレウスを待つヘクトールに思えてならない。

アキレウスは、もうその間近にやって来た。その姿はエニューアリオスそっくりの、はためく兜の軍神である。右の肩にふるうのは、ペーリオン山のとねりこの槍で、そのものすごさに、あたりには青銅が燦爛《さんらん》として、さながら燃えさかる火か、さしのぼってゆく太陽の輝きにも似ていた」(『イーリアス』呉茂一訳)

元は裁判官であったが、優しい貴方は〝今ここに〟と正義と真理と自由のためにウソと欲得の塊と化した政権に怒りを込めてハンマーを打ち下ろし、紺碧の辺野古を守ろうとするオキナワの人々とともに立ち上がっています。私は勝利の喜びに歓声をもって応援しないでいるわけがありません。

追記

今夏（二〇一六年七月八日〜七月一九日）私は那覇国際通りのホテルに泊まり、首里城（那覇市）や中城《なかじょう》城跡（中頭郡中城村）や勝連城跡（うるま市勝連南風原）、そして久米島の具志川城跡や宇江城跡をバスやタクシーを乗り継いで見て回りました。

今年も昨年と同じように鹿児島・那覇間は往復とも（株）マルエイフェリーの「波の江」（八一〇〇トン）に乗りました。往きは台風一号の余波で船は大きく揺れ、翌日（夜の八時）那覇港に降り立った時は猛烈な暴風雨に見舞われました。

昨年の往きは台風一一号（二〇一五年）、帰りは豪雨のため甲板に一歩もでることができず、船酔いと食欲不振に陥りました。しかし今年の帰りの船は一日中青天に恵まれました。那覇港から本部《もとぶ》までの右舷甲板からの朝の眺めは言葉に言い表すことができません。しかも田中将大登板のヤンキース×レッドソックスの試合も九時からBS1でみることができます。逸ノ城も好調です。体内の血のめぐりがよくなりウキウキします。

乗船前に買った『沖縄タイムス』（二〇一六・七・一八）の社会面（「高江街道」㊦）を見ると、知人仲宗根勇さんの名前がでています。「東村高江周辺のヘリパッド建設工事の再開に向け、県機動隊が抗議する市民を排除している」という記事です。今、高江（沖縄県国頭郡東村高江）には辺野古の五倍の約五〇〇人の機動隊が投入されようとしています。

記事によれば（うるま市島ぐるみ会議）は毎週木曜日に運行してきた辺野古行きのバスを高江直行に変え、初日の一四日は五五人の満席となったそうです。仲宗根勇さんは「うるま市島ぐるみ会議」の共同代表です。氏は「辺野古も高江も沖縄の尊厳と自然を守る闘いで本質は同一」と呼びかけています。

〝尊厳〟とは自らの歴史と経験を尊ぶことです。太平洋に向かってそそり立つ中城や勝連城や久米島の具志川城跡を見た者は、どうして沖縄の尊厳を否定できるでしょうか。具志川城の登城口の石板に次のようなオモロ（歌謡）が刻まれています。

一　くしかわの　またまうちは
　　けらへて　よく　けらへて
　　まさり　ゆわる　せたかこ
又　かなふくの　またまうちは　けらへて
又　たうの　ふねせに　こかね　もちよせる　くすく
　　よく　けらへて
又　やまと　ふねせに　こかね　もちよせる　くすく

（『おもろさうし』一一巻五八二）

この歌謡は具志川グスクとグスクを築いた按司《あじ》（首長）を讃えたもので「具志川グスクを見事に築いた優れた按司よ、唐（中国）の船や大和（日本）の船が酒（せに）、黄金を持ち寄せる素晴らしいグスクだ」という意味です。古来、久米島は中国と大和の寄港地でした。

私はこの歌がすっかり気に入り、繰り返して暗誦しているうちに、船は亀徳（徳之島）と名瀬（奄美大島）のほぼ中間を進んでいました。ふと対馬丸沈没（一九四四・八・二二、学童疎開輸送中の諏訪之瀬島と悪石島《あくせきじま》の近くでアメリカ海軍の潜水艦の攻撃を受け、一四七六名の犠牲者を出す）のことを思い起こしました。

黒潮は与那国付近から北に向かい、東シナ海に入り、久米島の近くを北流し、屋久島とトカラ列島の間を通過してふたたび太平洋に入ります。トカラ列島は奄美大島と屋久島の中間に位置します。船の進行方向左前方に見えてくるはずです。私は急いで甲板左舷に急ぎました。しかしすでに時は遅く日没（夜七時）になっていました。その時撮ったのが上の写真です。甲板右舷からみた東の空には満月が昇っていました。翌朝、「波之江」は予定通り八時三〇分に鹿児島に入港し、私は無事下船することができました。

名瀬・亀徳間のフェリー波之江からの日没風景
［筆者撮影（2016年7月18日）］

第七章　天武天皇の正体――古人大兄＝大海人＝天武の真相

◆はじめに

1

享年一〇〇歳で亡くなった日本の古代史研究を代表する直木孝次郎（一九一九―二〇一九）は日本古代史をどのように考えていたのでしょうか。この問いに答えるためには直木孝次郎が自ら長年携《たずさわ》って上梓《じょうし》した一九九八（平成一〇）小学館発行の『日本書紀』（①～③、校注・訳者：小島憲行・直木孝次郎・西宮一民・蔵中進・毛利正守）の②巻（仁徳～推古）と③巻（舒明～持統）の次のような解説を避けて通ることはできません。

『日本書紀』と『古事記』はよく比較される。『古事記』は上・中・下巻のうち、上巻で神代、中巻で神武から応神まで、下巻で仁徳天皇から推古天皇までの物語を載せる。対して『日本書紀』は全三〇巻のうち、神代に二巻、神武から応神まで八巻、仁徳から推古までは一二巻、そして舒明天皇から持統天皇まで八巻をあてる。

両書を比べると『古事記』が全体の三分の一をあてる神代は、『日本書紀』では全体の一五分の一である。『古事記』が神代を含む古い時代に重点を置き、『日本書紀』はむしろ新しい時代を詳しく記述する方針であったことがわかる。

『古事記』や『日本書紀』が編纂された奈良時代初期の人々にとって近・現代である舒明天皇（在位六二九―六一一）以後の時期についてみると、この傾向は一層はっきりする。『古事記』は舒明から持統までの時期を扱っていないのに対し、『日本書紀』は八巻、すなわち『日本書紀』全体の三〇分の八（四分の一強）をあてている。

言うまでもなく舒明天皇は律令体制を固めた天智（在位六六二―六七一）、天武天皇（在位六七二―六八六）の父であり、奈良遷都を成功させ、『古事記』を上奏させた元明天皇（在位七〇八―七一四、父は天智）の祖父である。舒明の即位から『古事記』の上奏（和同五年＝七一二）まで八三年、『日本書紀』の上奏（養老四年＝七二〇）まで九一年である。

『古事記』はこの身近な時代の歴史について一言も語らず、神代の物語と応神以前の伝説に全体の三分の二を費やし、『日本書紀』は舒明即位から持統（在位六八七―六九七）の譲位の六九七年までの六九年を語るのに、巻数の四分の一強、分量で三分の一を使っている。

『日本書紀』が上奏されたのは養老四年（七二〇）で、時の天皇元正（在位七一五―七二三）からすると、最初の舒明は曾祖父、最後の持統は祖母に当たり、年数では養老四年より数えて九一年前から二三年前までの事がらが記されている。

たしかに直木孝次郎の指摘する通り、『日本書紀』が舒明天皇を基点に編纂されていることがよく理解できます。『日本書紀』完成の上奏を受けた元正天皇（在位七一五―七二五、七四八年没）は天武九年（六八〇）の生まれですから、持統天皇一一年には一九歳です。そして『日本書紀』編纂責任者の天武天皇の第三皇子舎人親王（六七六―七三五）は二一歳です。

『日本書紀』完成の時点に立ってみるならば、舒明天皇から持統天皇までの六九年の歴史は、元正《げんしょう》天皇（父は草壁皇子。母は元明天皇、文武天皇の姉）や舎人親王（天武天皇の第三皇子。母は天智天皇の子新田部皇女）たちにとって父や祖父の時代、つまり近・現代の歴史であり、現在の私たちにあてはめれば大正元年（一九一二）から昭和二〇年（一九四五）の時期（歴史）です。

直木孝次郎は「記紀（『古事記』と『日本書紀』）編者の父母や祖父母は、場合によっては編者自らが直接目にし、耳にすることが少なくない。言うなれば編者たちは古代国家が形成される、反乱と激動に満ちた時代を具体的に描くことができる」と指摘しています。すなわち編者自身が古代国家形成の目撃証人になりうるとして次のように言葉で言い変えています。

注意しなければならないのは、近い時代の記憶に鮮明な事がらを書いた史書だからといって、それは時代が近ければ近いほど、単純に信用できない。とくに政府の事業として編纂される『日本書紀』は天皇の命によっては、例外を除いて編纂時の天皇や政府に都合の悪いことは削除・隠蔽され、都合のよいことは誇張される。かつての日本の歴史教科書が「満州国」を王道楽土の地と称え、日中戦争を聖戦としたことを想起すれば明らかである。『日本書紀』の場合、本巻（舒明～持統）であつかう部分では大化の改新の記述に作為の多いことが指摘されている。筆者自身は大化改新のすべてを虚構とする説にはくみしないが、潤色・文飾が相当多いことは事実と考えている。

この政変（大化の改新）は『日本書紀』を編纂した八世紀の朝廷によって立つ律令体制の起源となった事件だから、それを美化して描くのは当然であろう。大宝律令の成立は『日本書紀』編者の修文によるものであろう。そうした歪曲が多いことに注意するのも、本巻を紐解くときの必須の心得である。

2

本題に入ります。いまから二〇年前の一九九〇年（平成二）二月在野の古代史研究者、石渡信一郎（一九二六―二〇一七）は『応神陵の被葬者はだれか』を出版、一〇年後の二〇〇一年六月、増補改訂版として『百済から渡来した応神天皇』を出版しました。この本は「朝鮮半島からの新旧二つの渡来集団（加羅系と百済系）による日本古代国家の成立」を命題としています。

この命題（仮説）のもと石渡信一郎は日本最大の古墳応神陵の被葬者が百済から渡来した昆

支王であることを明らかにしました。百済蓋鹵王（在位四五五―四七五）の弟で左賢王の昆支は、四六一年倭国に渡来して倭の五王「讃・珍・済・興・武」の済の入婿となります。倭の五王の讃は加羅系渡来集団の崇神（始祖王）・垂仁に続く三代目の倭王です。『日本書紀』では讃は景行天皇として登場します。

讃は卑弥呼の子女王台与《とよ》が西晋（二六五―三一六）に朝貢《ちょうこう》してから途絶えていた中国への遣使を一四七年ぶりの四一三年に東晋（三一七―四二〇）の安帝（在位三九六―四一八）に送り、中国の史書（『宋書』倭国伝）に名をとどめることになったのです。

この加羅系渡来王朝は奈良三輪山の南山麓（桜井市一帯）を根拠地としたので三輪王朝とも、初代崇神の名をとって崇神王朝ともいいます。百済から渡来した昆支は倭の五王の最後の倭王武となり、武＝タケル大王とも日十＝ソカ大王（隅田八幡鏡銘文）とも呼ばれ、崇神王朝を受け継ぎ百済系ヤマト王朝の始祖王となります。

石渡信一郎の研究（『新訂・倭の五王の秘密』、二〇一六年発行）によれば崇神王朝の始祖王崇神（旨）（在位三四二―三七九）は纏向《まきむく》の箸墓古墳（奈良県桜井市）の被葬者であり、その子垂仁（在位三八〇―四〇九）の墓は渋谷向山古墳（伝景行陵、天理市）であり、讃（在位四一〇―四三七）の墓は行燈《あんどん》山古墳（伝崇神陵、天理市）です。

さらに石渡氏は讃の次の「珍・済・興・武」四人の天皇の在位と陵墓も明らかにしています。讃の弟珍（在位四三八―四四二）の墓は五社《ごさし》神古墳（伝神功陵、奈良市）、済（在位四四三―四六二）の墓は仲ツ山古墳（伝仲津姫陵、藤井寺市）、済の子興（在位四六二―四七七）の墓

倭の五王と倭武（昆支）との関係図

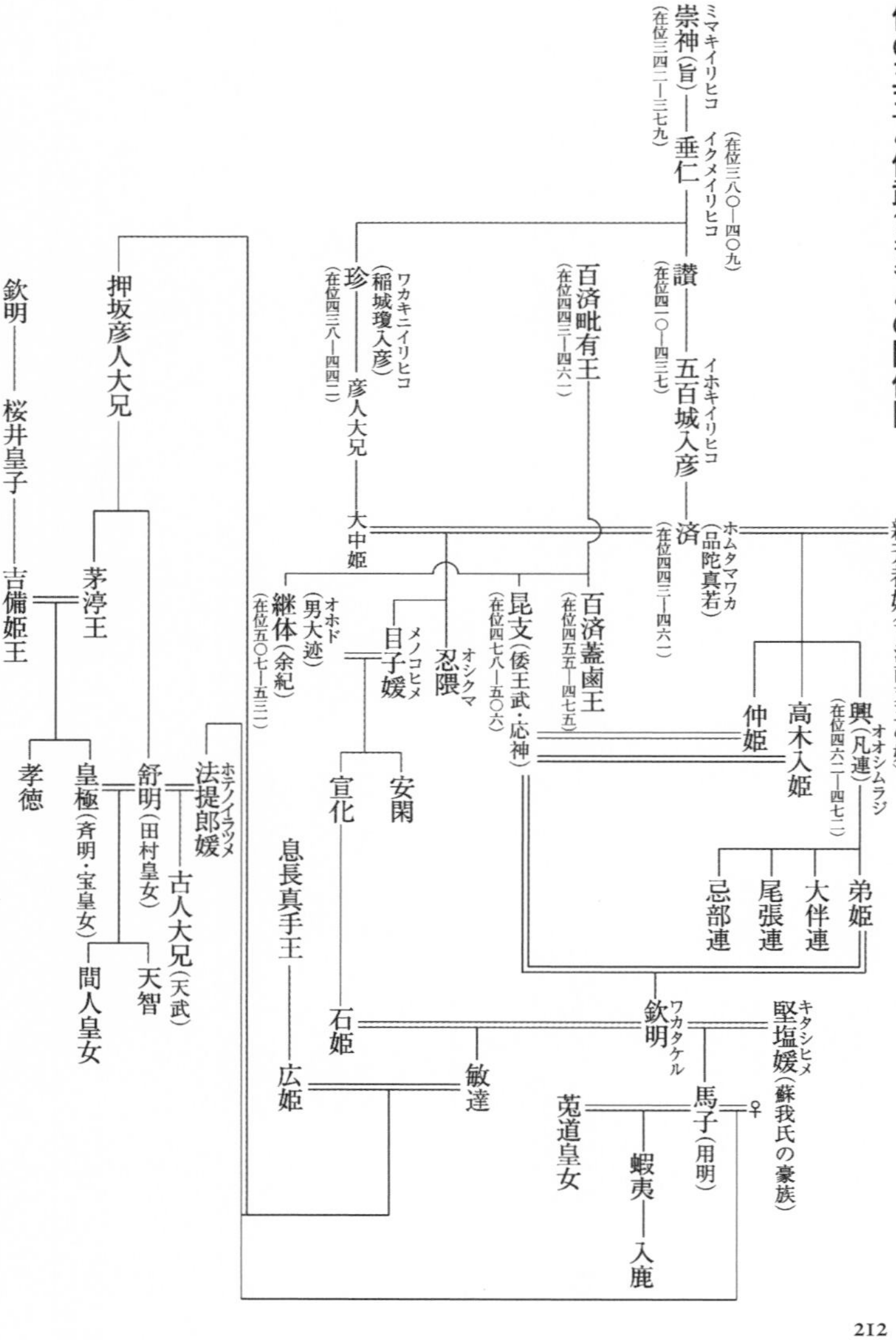

は石津丘古墳（伝履中陵、堺市）、そして武（在位四七八―五〇六）は誉田《ほむた》山古墳（伝応神陵、羽曳野市）です。

であれば『日本書紀』記載の仁徳・履中・反正・允恭・安康・雄略・清寧・顕宗・仁賢・武烈一〇人の天皇は「不在天皇一〇人」となり、天皇の分身・虚像・化身となります。たとえば実在の倭王武＝昆支王に応神・神武、継体に対して仁徳、欽明（稲荷山鉄剣銘文のワカタケル大王）に雄略と武烈という具合です。

このように石渡信一郎は在野にありながら『宋書』倭国伝・百済伝、『三国史記』や『日本書紀』など学際的観点から考古学的整合性を追求し、加えて七支刀銘文、好太王碑文、隅田八幡鏡銘文、武寧王墓誌、稲荷山鉄剣銘文等々の金石文解読によって東アジアの古代史を浮き彫りにしました。

これらの研究成果は石渡信一郎が井原教弼《いはらみちすけ》の研究「干支一運六〇年の天皇紀」を受けて行われたことを銘記しなければなりません（『新訂・倭の五王の秘密』第一章「辛未年の謎を解く」参照）。

3

続いてサブタイトルの「古人大兄＝大海人＝天武の真相」について説明します。『日本書紀』舒明天皇二年（六三〇）条に「舒明と皇后宝皇女（皇極・重祚斉明）の間に生まれた第一子が葛城皇子《かつらぎのみこ》（天智）、第二子が間人皇女《はしひと》、第三子が大海人皇子《おおしあまみこ》（天武）という。また舒明は夫人蘇我馬子大臣の娘法提郎媛《ほてぃのいらつめ》との間に古人大兄を生む」と書かれています。

この一〇〇字にも満たない文章に登場する天皇・皇后・皇子・皇女六人の中に乙巳《いっし》クーデター（六四五・六・一二）、いわゆる「大化の改新」に関係する人物が四人います。皇極天皇、葛城皇子（天智天皇）、大海人皇子（天武天皇）、古人大兄です。しかし実際は三人です。

何故かと言いますと、大海人皇子＝古人大兄だからです。イコールとは同一人物のことですが、本体（当事者）に対して分身・化身・虚像を意味します。大海人＝古人大兄の人物のどちらが本体かと問うならば、大海人が本体です。古人大兄は乙巳クーデターから三ヵ月経った九月三日中大兄に殺害されます。

『日本書紀』は多くの分身・化身・虚像をつくり、あったことをないことにし、ないことをあったことにしています。もちろん都合によってはあったことをあった通りに書く時も多々あります。先述しましたように『日本書紀』と『古事記』は八世紀初頭（七二〇年）の継体・敏達系の舒明天皇の子天武によって企画された編年体の日本の正史ですが、虚実半々の物語です。中大兄（天智）による古人大兄の殺害は、なかったことをあったかのように書いた典型的な例です。

しかし天武天皇＝大海人皇子＝古人大兄の母が大王蘇我馬子の娘法提郎媛であるならば、古代日本国家形成の物語は根底から覆されると言って過言ではありません。分身・化身・虚像が白日の下に露わになるからです。

厩戸王＝聖徳太子がよい例です。厩戸王＝聖徳太子が大王蘇我馬子の分身であり、女性天皇推古は虚構の女性天皇です。やっかいなことに本体蘇我馬子にも分身用明天皇がいます。その大王馬子の娘法提郎媛が舒明（田村皇子）と間に古人大兄＝大海人＝天武を生んでいるのです。

そればかりではありません。石渡氏は百済昆支王が隅田八幡鏡銘文（五〇三年）の「日十《そか》大王」と同一人物であり、その鏡が百済武寧王から継体（『日本書紀』は男大迹王。『古事記』は袁本杼命）に贈られたことを解明しました。

隅田八幡鏡銘文の解読によって武寧王は日十大王＝昆支王の子であり、武寧王から鏡を贈られた継体（男大迹王）は日十大王の弟であることも明らかにされました。隅田八幡鏡銘文は石渡信一郎によって次のように解読されています。

癸未年八月日十大王年男弟王在意柴沙加宮時斯麻念長奉遣開中費直穢人今州利二人尊所白上同二百旱所此竟〔隅田八幡鏡銘文〕

癸未年（五〇三）八月、日十《ソカ》大王（昆支）の年（世）、男弟王（継体）が意柴沙加宮（忍坂宮）に在《いま》す時、斯麻（武寧王）は男弟王に長く奉仕したいと思い、開中（辟中）の費直《こおりちか》（郡将）と穢人今州利の二人の高官を遣わし、白い上質の銅二百旱を使って、この鏡を作らせた。〔石渡信一郎解読文〕

さらに石渡氏は稲荷山鉄剣銘文（五三一年）のワカタケル大王を欽明天皇と同一人物とし、欽明を昆支（応神、倭王武）晩年の子とし、欽明天皇は日本古代史上最大の辛亥（五三一年）のクーデターによって継体の子安閑・宣化を殺害し、加羅系と百済系の対立・分裂を和合統一した天国排開広庭《あめくにおしはらきひろにわ》＝ワカタケル大王としました。

日本古代史学会（界）やその他諸々の在野の古代史研究者や作家、そして文科省検定歴史教科書等々の圧倒的多数が稲荷山鉄剣銘文を「辛亥年＝四七一年説、ワカタケル大王＝雄略天皇説」としたのに対して、石渡信一郎は「辛亥年＝五三一年説、ワカタケル大王＝欽明天皇説」を提唱しました。

氏は一九九〇年（平成二）の六四歳の時『応神陵の被葬者はだれか』を出版以来、日本古代史の数々の難問を解きましたが。そのなかでもっとも大きな功績の一つは大王蘇我馬子の血を引く古人大兄が天武天皇（大海人皇子）と同一人物であることを明らかにしたことです。なぜなら日本古代史上もっとも難解かつ複雑な日本古代国家の形成の秘密を解いているからです。

このように日本古代史における前代未聞の数々の発見をした石渡信一郎氏ですが、『倭の五王の秘密』（信和書房）の新訂版を二〇一六年に出版し、二〇一七年一月九日享年九〇歳で亡くなりました。その勇気と知力は戦後七五年の日本古代史研究の金字塔と言っても過言ではありません。

◆おわりに

1

『日本書紀』天武天皇一〇年（六八一年、干支は辛巳年）三月一七日条には次のように書かれています。

天皇（天武）は大極殿にお出ましになって、川島皇子・忍壁皇子・広瀬王・竹田王・桑田王・三野王・大錦下上毛君三千《だいきんげかみつけのきみみちじ》・小錦下忌部連首・小錦下安曇野連稲敷・難波連大形・大山上中臣連大島・大山下平群臣子首に詔して、帝紀及び上古の諸事を記録し確定した。大島・子首が自ら筆を執って記録した。

この記事は天武天皇が大極殿で六人の皇子と有能な臣下上毛野君三千・中臣連大島ら六人に国家の歴史書編纂事業の開始を命じたことを言い現わしています。天武のこの歴史書編纂事業が元正天皇養老四年（七二〇）太政大臣藤原不比等が死去した同じ年に『日本書紀』として結実したことは広く知られています。

これら指名された一二人の歴史書編纂委員の中に大錦下上毛野君三千という人物がいますが、

上毛君三千はこの年（天武一〇）の九月一一日に卒去したと『日本書紀』は簡単に伝えています。『日本書紀』訳者頭注にしたがって調べてみますと、崇神天皇一七年（BC五八〇、干支は庚子年）四月一九日条に「活目入彦尊《いくめいりひこ》（垂仁）を立てて皇太子とし、豊城入彦命《とよきいりひこ》には東国を治めさせた。これが上毛野君（群馬）・下毛野君（栃木）の始祖である」と書かれています。たしかに崇神天皇四八年（BC六六一、干支は辛未年）一月一〇日条に次のように書かれています。

天皇（崇神）は豊城入彦命・活目尊（垂仁）を呼び、「お前たちの見た夢でどちらを皇太子にするか決めよう」と言った。兄豊入命は「自ら御諸山《みもろ》（三輪山）に登り、八回槍を突き出し、八回刀を撃ち振り回しました」と答えた。弟活目尊は「御諸山の峰に登り、綱を四方に引き渡し、粟を食む雀を追い払いました」と答えた。
そこで天皇は「兄は東方だけを向いていた。だから東国を治めるがよい。弟はすっかり四方に臨んでいた。まさに私の即位を嗣ぐのにふさわしい」と言った。四月一九日活目尊を皇太子とした。豊城入尊には東国を治めさせた。これが上毛野君・下毛野君の始祖である。

とすると先の歴史国家の編纂事業の一人として天武に指名された上毛野君三千（『新撰姓氏録』左京皇別・右京皇別に下毛野朝臣氏と同祖）は加羅系渡来集団の始祖王崇神の長子豊城入彦命の子孫にあたると考えるのが自然です。しかし上毛野君三千が豊城入彦命の子孫であるという考古学的な資料が見つかっていません。したがってこのことを前提にして天武天皇の時代と東国の上毛野（群馬県）と下毛野（栃木県）の関係を筆者の知見の限りお伝えしたいと思います。

二人の息子の夢から豊城入彦の荒々しい性格を見抜いた崇神（御間城入彦《みまきいりひこ》）は豊城入彦を地方の豪族に婿入りさせ、関東以北のエミシ討伐に備えたと推測することが可能です。なぜならこの「崇神紀」のエピソードは景行天皇（垂仁の子）が三人の皇位継承者（日本武尊・成務・五百城皇子）の一人日本武《ヤマトタケル》（『古事記』は倭建《やまとたける》）をエミシ討伐のため日高見国に派遣する物語によく似ているからです。「記紀」ではヤマトタケルは大和に帰京することのできなかった悲劇の王子として描かれています。

群馬県には四世紀後半から五世紀前半にかけて前期前方後円墳（三角縁神獣鏡が出土）が築造されます。前橋市天神山古墳（全長一二九メートル）出土の鏡は奈良県桜井市茶臼山古墳出土や天理市黒塚墳出土の鏡と同型鏡（同じ版から作れた兄弟鏡）です。考古学者として多くの業績をのこした森浩一（一九二八－二〇一三）は青年時代に茶臼山古墳の発掘調査にかかわり確固たる地位を確立しました。

四世紀前半南朝鮮から北部九州に渡来した崇神を始祖する加羅系渡来集団は邪馬台国を滅ぼし、瀬戸内海沿いの吉備（岡山）に前進基地を造り、大阪湾から難波・河内を征服し、四世紀中ごろ大和盆地東南部の三輪山（御諸山）山麓の纏向に王都を築きます。箸墓古墳は加羅系渡来集団の始祖王御間城入彦（崇神）の墓です。邪馬台国の女王卑弥呼の墓ではありません。また三輪山山麓の纏向《まきむく》西方の奈良盆地中央の唐子《からこ》・鍵《かぎ》遺跡は加羅系渡来集団の開拓した土地です

（『馬子の墓』参照）。

加羅系渡来集団の主力部隊は纏向に留まりますが、その別動隊は木津川や初瀬川（大和川の上流）を経て伊勢・伊賀・近江へと渡り、木曽川に沿って尾根伝いに北関東（群馬・栃木）に進出します。関東北部の群馬・栃木を拠点とした加羅系集団はさらに会津若松に全長一一四メートルの会津大塚山古墳を造営します。会津大塚山古墳からは割竹形木棺と鏡・玉・武器の副葬品が出ます。

2

二〇一七年（平成二九）ユネスコ国連教育科学文化機関（ユネスコ）の「世界の記憶」に登録された「上野三碑《こうずけさんぴ》」（山上碑・多胡碑・金井沢碑）の一つ山上碑《やまのうえひ》（高崎市山名町字山神神谷二一〇四）は日本最古の石碑と知られ、その碑文から壬申の乱（六七二年）を征した大海人（天武）の時代に造立されたことがわかりました。山上碑は漢字五三字からなる碑文ですが、次のように読まれています。


辛巳歳集月《しんしのとしじゅうがつ》三日に記す。

佐野三家（屯倉）を定め賜える健守命《たけもりのみこと》の孫の黒売刀自《くろめとじ》、此れ新川臣《にっかわのおみ》の児《こ》の斯多々弥《したたみ》足尼《のすくね》の孫の大児臣《おおごのおみ》に嫁ぎて生める児の長利僧《ちょうりのほうし》が、母の為に記し定むる文なり。放光寺の僧。

冒頭の「辛巳歳集月三日」の碑文から、天武天皇一〇年（六八一年、干支は辛巳年）一〇月三日に記されたことがわかります。「天武天皇一〇（六八一）一〇月三日」というと天武が国家の歴史書編纂事業を上毛君三千らに命じた日、すなわち「天武天皇一〇年（六八一）三月一七日」の七ヵ月後にあたります。そしてこの年の九月一一日に上毛君三千は死去しています。この偶然の一致に私は驚きます。

また天武天皇一〇年一〇月二〇日条に「新羅が沙《さ》喙《たく》吉飡《きつさん》金《きん》忠平《ちゅうひょう》・大奈末《だいなま》金《こん》壱世《いっせ》を派遣して朝貢した。金・銀・銅・鉄・綿・絹・鹿皮・細布の類が、それぞれに数多くあった。別に天皇・皇后・太子に献上する金・銀・霞錦・幡・皮の類がそれぞれ多数あった」とあります。この記事は壬申の乱以降の天武は新羅との交流を盛んに行ったことを物語っています。

「上野三碑」の話に戻りますが、群馬県内の学者・研究者によれば碑文の「三家」は屯倉《みやけ》のことで六世紀から七世紀にかけて各地の軍事・経済的要地に置かれたヤマト政権の直轄地のことです。これらの屯倉は高崎市南部の烏川両岸（現在の佐野・山名地区一帯）にまたがって設置されたと推定されています。碑文は佐野三家《みやけ》を管理した豪族の子女である黒売《くろめ》と、その子である長利《ちょうり》の系譜を述べています。

佐野三家は現地豪族と中央から派遣された技術者によって経営され、山上碑文の「健守」は屯倉管理者の始祖とされています。「健守」と「黒売刀自」は祖父と孫の関係にあり、「黒売刀自」は「新川臣」の子孫「大児臣」と結婚して法光寺の僧長利が生まれます（上図参照）。「放光寺」は前橋市総社町の山王廃寺と推定され、東国でも最古・最大級の寺院だったことが発掘調査によって判明しています。ちなみに群馬県・高崎市発行のパンフレットは「法光寺の僧

長利」について次のように解説しています。

当時、仏教は新たに伝わって先進の思想体系だったため、東国有数の名刹の僧であった長利は、相当な知識者だったはずです。その彼が名族の知を引く母（黒売刀自）と自己を顕彰し、母を追善するために碑文を刻ませたのでしょう。

山上碑の形状は朝鮮半島の新羅の石碑に類似しており、碑の造立に際しては当地の新羅系渡来人が深く関わったと推定されます。渡来人の知識僧（主として新羅系の人々）が当時の日本の中でも高い文化度を誇っていたと考えられます。

以上のような碑文にもとづく正確かつ緻密な研究・調査による記述でありながら、残念なことにこの解説には「日本古代国家は新旧二つの加羅系と百済系の渡来集団によって建国された」という認識が欠如しています。

先述しましたように上毛野（群馬）も下毛野（栃木）もすでに加羅系渡来集団の始祖崇神の

子垂仁こと活目入彦五十狭茅《いくめいりひこいさち》天皇の世に侵入・支配されています。「健守」はいわゆる「渡来人」ではなく、崇神を始祖とする三輪纏向から派遣された加羅系渡来集団の末裔であり、「上毛野」はエミシ攻略と支配の一大拠点であったと考えるべきです。もしかしたら「記紀」のヤマトタケルはこの「健守命」からとった名前かもしれません。

二つ目の多胡碑（高崎市吉井町池一〇九五）には左中弁多治比真人（？–七〇一）・左大臣石上《いその かみ》麻呂尊（六四〇–七一七）・右大臣藤原不比等（？–七二〇）が銘記され、『続日本紀』元明天皇和銅四年（七一一）三月六日条に「上野甘楽郡の織裳《おりも》・韓級《からしな》・矢田・大家《おおやけ》・緑野《みどりの》郡の武美《むみ》、片岡郡の山など六郷を割いて、新しく多胡郡を設けた」と書かれています。パンフによれば碑文の現代語訳は次の通りです。

朝廷の弁官局から命令があった。上野国片岡郡・緑野郡・甘良郡の三郡の中から三百戸を分けて新たに郡をつくり、羊に支配を任せる。郡の名は多胡郡としなさい。和銅四年（七一一）三月九日甲寅。左中弁正五位下多治比真人による宣旨である。太政官の二品穂積王、左大臣正二位石上（麻呂）尊、右大臣正二位藤原（不比等《ふひと》）尊。

碑文中の「羊」は意味不明ですが、上野国は奈良・平安時代には一大手工業（窯業・布生産）に成長します。多胡碑は地元では羊太夫《ひつじだゆう》伝説に彩られ「ひつじさま」として尊敬されているといいます。上野甘良郡の「織裳《おりも》」という地名からも納得できる解説といえるでしょう。

『続日本紀』によれば元明天皇和銅五年（七一二）条には「太安万侶が『古事記』を撰上（一・八）、越後国出羽郡を割き出羽国を置き（九・二三）、陸奥国最上・置賜両郡を出羽国に編入（一〇・一）」と書かれています。初期律令国家がさかんに北関東・信越・東北地方に進出していることがわかります。

多胡郡の範囲は、現在の高崎市吉井地区から山名町一帯とみられますが、そこはかつて緑野屯倉や佐野屯倉など、ヤマト政権の直轄地が設定されていた領域と重なります。当時、朝廷は直轄地経営の財源と人的資源を確保するために、東北地方のエミシ地の侵略・支配を画策していたと考えられます。

三つ目の金井沢碑（高崎市山名町金井沢二三三四）は次のように解読されています（□は欠字）。

> 上野国群馬郡下賛郷《こうずけのくにくるまのこおりしもさぬ》高田里の三家子□が、七世父母と現在父母の為に、現在侍《はべ》る家刀自《いえとじ》の他田君目頬刀自《おさだのきみめづらとじ》、又児《こ》の加那刀自《かなとじ》、孫の物部君午足《うまたり》、次に馴《ひづめ》刀自、次に若馴《ひづめ》刀自の合わせて六口、又知識で結びしところの三家毛人《みやけのえみし》、次に知万呂、鍛師《かぬち》の磯部君身麻呂《いそべのきみまろ》の合わせて三口、是の如く知識を結び而《しこう》して天地に請願し仕え奉る石文。
> 神亀《じんき》三年丙寅《へいいん》二月二九日。

ちなみに群馬県・高崎市発行のパンフレットは金井沢碑について次のように解説しています

（一部省略）。

金井沢碑は、奈良時代初期の神亀《じんき》三（七二六）年に、三家氏《みやけし》を名乗る氏族が、同族とともに仏教の教えで結びつき、祖先の供養、一族繁栄を祈るために造立《ぞうりゅう》した石碑です。

三家氏は、山上碑に記された「佐野三家《さののみやけ》（屯倉）」を経営した豪族の末裔《まつえい》とみられます。碑文の冒頭に「上野国群馬郡下賛郷高田里《こうずけのくにくるまのこおりしもさぬごうたかだのさと》」と刻まれていることから、その居宅は現在の高崎市南部、烏川東岸の佐野（賛《さぬ》）地区に存在したようです。

しかし、本碑や山上碑は、その対岸にある烏川西岸（山名地区）に所在するため、佐野三家の領域および三家氏の勢力圏は、広く烏川両岸に及んでいたと考えられます。

碑文には九口（人）の人名が刻み込まれています。彼らの関係はこれまで様々に解釈されてきましたが、近年では、願主で男性の三家子□□（□は欠字）とその妻→子→孫からなる六人の直系血族（うち女性四人）グループと、同族三人からなる既存の信仰グループが結びつき、この碑を造立したとする勝浦令子氏の説が支持されています。

また碑文からは大宝律令（七〇一年）以後に定まった行政制度（国郡郷里制）の施行が確認できるほか、郡郷名を好字で二字に改訂することを命じた和銅六年（七一三）の政令の実施も確かめられます。これに伴って、従前の「車」の表示は「群馬」（読みはそのまま「くるま」）の二字に変更され、今日の県名のルーツになっています。

尚、「碑文にみる古代家族」と題する補足説明には「金井沢碑」でなければ知ることのできない豪族の姻戚関係など貴重な事柄が記載されています。後学のために次に引用します。

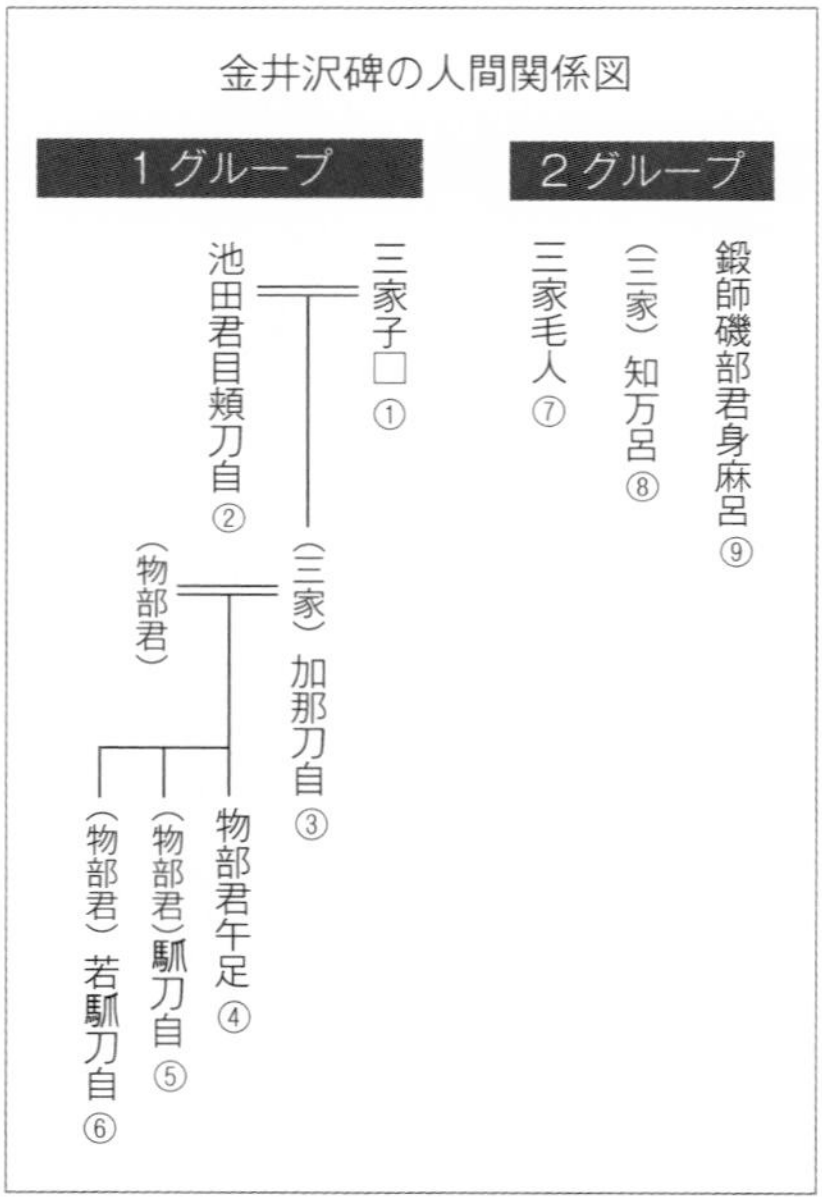

① 豪族層の主婦（家刀自）は実家の氏姓を冠して呼ばれたこと（目頬刀自は他田君氏から三家氏に嫁ぎ、他田君目頬刀自と称された）。

② 願主の三家子□と目頬刀自の間に生まれた加那刀自は、物部君氏に嫁ぎ、息子の物部君午足や娘の　馴自・若　刀自をもうけたが、加奈刀自以下の物部家の四人は、婚後もこぞって実家の祭祀に参加している。

③ 三家毛人・知万呂といった三家氏一族や、金属生産加工を職とする磯部氏、加奈刀自の嫁ぎ先である物部氏らが婚姻と先祖の供養・仏教儀礼を通じて氏族の結束を固めていること。

④ 碑文に登場する人物のうち四人が女性（刀自）であり、女性が氏姓の結束に強い役割

をはたしていること。

高崎市から甘楽郡にかけて「物部」の氏名を刻んだ遺物が多く出土していることから、古代の地域経営には物部氏が深く関与していたと考えられます。

私が金井沢碑文とこの補足説明を読んで驚くのは、「目頬《めずら》」という奇妙な名が『日本書紀』継体天皇二四（五三〇）年一〇月条の毛野臣を迎えに行く「目頬子《めずらこ》」とそっくりであることです（『日本書紀』「継体紀」参照）。また「他田《おさだ》君目頬刀自」の「他田《おさた》」も『日本書紀』敏達天皇（訳田天皇）四年（五七五年、干支は乙未年）三月一一日条や、この歳条に次のように「訳語《おさ》」「訳語田《おさた》」で登場します。

天皇（敏達）は新羅がまだ任那《みまな》を再建しないので皇子（彦人大兄皇子）と大臣（馬子）とに詔して「任那のことを怠ってはならない」と言った。七月六日吉士《きし》金《かね》を新羅に派遣させ、吉士木蓮子《きしのいたび》（安閑紀元年三月六日条に物部木蓮子で登場）を任那に使いさせ、吉士訳語彦《きしのおさひこ》（他にみえず）を百済に使いさせた（四月六日条）。

六月新羅は使者を派遣して朝貢した。調はいつもより多かった。また多多羅・須奈羅・和陀・発鬼の四つの邑の調も合わせて進上した（六月条）。

この歳卜者《うらべ》に命じて、海部王《あまのおおきみ》（他にみえず）の宅地と糸井王の宅地とを占わせた。卜占はどちらも吉であった。そこで宮殿を訳語田《おさだ》に造営した。これを幸玉宮という。一一月皇后広姫が薨去した（是歳条）。

引用文中の吉士金と吉士木蓮子ですが、崇峻天皇四年（五九一）一一月四日条にも蘇我一族の諸豪族の下士官として登場しています。

紀男麻呂宿禰・巨勢猿臣・大伴連噛連・葛城烏奈良臣らを大将軍として氏々を率いる臣・連を副将軍とし、部隊は二万余人の軍隊を率いて筑紫に出陣した。吉士金を新羅に遣わし、吉士木蓮子を任那に遣わして任那のことを問責した。

吉士金と吉士木蓮子の上司である紀男麻呂宿禰・巨勢猿臣・大伴連噛連・葛城烏奈良臣らは、物部守屋大連を滅ぼすために蘇我馬子大臣が動員した崇峻天皇即位時の蘇我氏の同族か傘下の豪族です。蘇我馬子は物部守屋（彦人大兄。敏達天皇の子）との仏教戦争（五八七年）で勝利して法興寺（飛鳥寺）の建立、厩戸皇子（聖徳太子）は四天王寺の建立を祈願します。

『日本書紀』敏達天皇四年三月一一日条に登場する吉士金ですが、『日本書紀』訳者頭注は「敏達四年三月」の記事と「崇峻四年一一月」の記事がほとんど同じことから、吉士金と吉士木蓮子を同一人としています。

ということは安閑天皇の和風諡号「広国排武金日《ひろくにおしたけ》」の「金」は吉士金＝物部木蓮子＝吉士木

蓮子に由来していることがわかります。しかも安閑・宣化は継体を父とし目子媛を母としています。『日本書紀』継体天皇二四年（五三〇、干支は庚戌）一〇月条の毛野臣を迎えに行くという目頬子《めずらこ》の記事ですが、その翌年の五三一年は欽明＝ワカタケル大王の辛亥のクーデタが起きます。

ちなみに継体天皇が死去する前年の『日本書紀』継体天皇二四年（五三〇）一〇月の奇妙でわかりにくい歌とは次の通りです。

調吉士《つきのきし》が任那から帰国し、毛野臣は傲慢でひねくれた性格で政治に不慣れです。決して和解せず、加羅を混乱させ、また自分勝手に振る舞い、患禍を防ごうとしません。そのため目頬子を派遣して毛野臣を召し出させた〔目頬子は未詳である〕。

この年、毛野臣は召されて対馬に到着し、病に罹って死んだ。葬送する時、川（淀川）を遡って近江に入った。毛野臣の妻は歌を詠んで、

枚方ゆ　笛吹き上る　近江のや　毛野の若子い　笛吹き上る

と言った。目頬子が初めて任那に着いた時、そこに住んでいた日本の人々は歌を贈って、

韓国《からくに》を　如何に言ふことそ　目頬子来《きた》る　むかさくる

壱岐《いき》の済《わたり》を　目頬子来る

と言った。

「上野三碑（七二六年）」「継体天皇二四年（五三〇）」「崇峻天皇四年（五九〇）」「敏達天皇四年（五七五）」の記事ですが、登場人物の毛野臣・物部・吉士金・吉士木蓮子、そして目頬子は互いに関係しています。

とくに目頬子の「目」は継体天皇の后目子媛《めのこ》と密接な関係にあるとみてよいでしょう。はたして目頬子とは安閑天皇（広国排武金日）の別称でしょうか。それとも毛野臣の妻のことでしょうか（『干支一運六〇年の天皇記』参照）。

現在、「上野三碑」（山上碑・多胡碑・金井沢碑）は上信電鉄（高崎・下仁田間）の吉井駅を起点にマイクロバス（無料）が三〇分おきに巡回しています。吉井駅から一〇分ほどの多胡碑に隣接する多胡碑記念館には多胡碑の歴史・書道史、古代文字の研究資料が展示されています。また敷地内には七世紀前半の横穴式円墳があります。円墳が隣接しているのは山上碑も同じです。山上碑の円墳の被葬者は佐野三家の黒目刀自と推定されています。

ここからは読者の皆さんがご承知の稲荷山古墳出土の鉄剣銘文に刻まれている次の銘文にもとづいて獲加多支鹵《わかたける》大王（以下ワカタケル大王）が「上野三碑」とどのような関係があるのか、

筆者の知見を加えて検証します。稲荷山鉄剣銘文は次の通りです。

（表）辛亥年七月中記乎獲居臣上祖名意冨比垝其児多加利足尼其児名弖已加利獲居其児名多加披次獲居其児名多沙鬼獲居其児名半弖比

（裏）其児名伽差披余其児名呼獲居臣世々為杖刀人首奉事来至今獲加多支鹵大王寺在斯鬼宮時吾左治天下令作此百錬利刀記吾奉事根源也

（訓読文表）辛亥の年七月中、記す。ヲワケの臣。上祖、名はオホヒコ。其の児、（名は）タカリノスクネ。其の児　名はテヨカリワケ。其の児、名はタカヒ（ハ）シワケ。其の児、名はタサキワケ。其の児、名はハテヒ。

（訓読文裏）其の児　名はカサヒ（ハ）ヨ。其の児　名はヲワケの臣。世々　杖刀人の首と為りて、奉事し来り今に至る。ワカタケ（キ）ル（ロ）大王の寺、シキの宮に在る時、吾、天下を左治し、此の百錬の利刀を作らしめ、吾が奉事の根源を記す也。

（『稲荷山古墳出土鉄剣金象嵌銘概報』埼玉県教育委員会編）

石渡信一郎は稲荷山鉄剣銘文に刻印されているヲワケまでの先祖八代の軍事指揮官を時の倭

国王に対応させ、①オオホヒコ：崇神→②タカリノスクネ：垂仁、③テヨカリワケ：讃→④タカハシワケ：珍→⑤タサキワケ：済→⑥ハテヒ：興→⑦カサハヤ：武→⑧ヲワケ：継体とし、次のように解説しています。

オホヒコの子孫のヲワケの一族は、代々倭国王の指揮官を務めてきた。継体大王時代に親衛軍の指揮官であったオワケは、辛亥年（五三一）の二月のクーデターの時に、ワカタケル（欽明）の側につき、その勝利に貢献した。七月ワカタケル大王の寺が大和の斯鬼宮に在る時、オワケは親衛軍の指揮官としてワカタケル大王の政治を補佐し、利刀を作らせて彼の一族が倭国王家に奉仕してきた由来を記した。

五三一年に欽明が即位したころ、関東地方の加羅系豪族は倭王武を始祖とする百済系王朝の直接統治下に入っていなかった。崇神の子とトヨキイリヒコ（豊城入彦）を始祖とする毛野氏も、継体時代に上毛野と下毛野氏に分けられていたが、百済系ヤマト王朝に服従していなかった。「安閑紀」に次のような記事がある。

「武蔵国造笠原直使主《おみ》と同族の小杵《おき》とは長年国造の地位を争っていたが、小杵は上毛野君小熊《おくま》に援助を求め、使主を殺そうとした。それを察知した使主は都に行き、事情を朝廷に報告したところ、朝廷は使主を国造に任命し、小杵を誅殺した。使主は喜んで国のために、横渟《よこぬ》・橘花・多氷《おほひ》・倉樔《くらす》の屯倉を設けた」

上毛野氏は東国では朝廷と対抗する勢力であった。しかし王権の拡張を画策したワカタケル（欽明）はヲワケの一族を武蔵国造として、上毛野氏を牽制したのであろう。ヲワケは有銘鉄剣（稲荷山鉄剣）を作ってからまもなく、百済系部民を率いて武蔵国造として赴任したと思われる。六世紀なかごろ築造された稲荷山古墳は、埼玉古墳群のなかで最古の古墳であり、初代の武蔵国の墓とみられるので、武蔵国造となったオワケは現在の行田市付近に本拠を構えたのであろう。

本書は石渡信一郎の数々の発見をベースに、あったことをなかったことに、なかったことをあったことにした虚実半々の『日本書紀』を再編成し、筋道の通った天皇の起源＝日本の古代史を心掛けました。しかしその試みがうまくいったかどうかは読者の皆様のご判断にゆだねるほかありません。

＊　＊　＊

新型コロナの襲来によって世界の状況が一変している昨今です。互いの情報交換がたやすくできるようになっているとはいえ、辛うじて予定通り出版にこぎつけることができました。成長盛りの子ども三人と医療の仕事に従事する妻をもつ編集担当の塚田さんに感謝です。

しかし、まさに突然のコロナ騒動に巻き込まれ、つい「あとがき」の準備をおろそかにしてしまいました。前著『日本古代史の正体』の「まえがき」を本書の「あとがき」として少々アレンジして皆様への挨拶とさせていただきます。

令和元年（二〇一九、干支は己亥）もすでに令和二年（二〇二〇、干支は庚子）五月一〇日になります。戦後七〇年余を経た状況のなかで憲法改正が問題とされるならば、皇室典範や象徴天皇制、天皇の起源や日本の歴史も改めて問われなければなりません。

しかし日本及び日本人は「記紀」にもとづく根強い皇国史観から解放されていません。一方、世界はグローバル化による民族・国家・文化・政治・経済・宗教等々の矛盾・葛藤・軋轢・衝突が多発し、難民・移民も世界中に拡散しています。また日本の人口は東京の一極集中と地方減少化が進み、村や町は崩壊しつつあります。東京湾岸のハイタワー・マンションの乱立も新幹線から見ても決して心地よい眺めのよい風景ではありません。

人間の感情から経済を考えた人は『国富論』で有名なアダム・スミス（一七二三―一七九〇）です。アダム・スミスは、人間はペストや戦争による大量の死にかぎりない驚きや怒りや同情と哀悼の意を表しながら、それらの感情より、今自分のたった一本の小指の不可解な痛みに対する不安と怖れを最優先するという人間感情の不平等原理を明らかにし、『国富論』より先に『道徳感情論』という本を書きました。

アダム・スミスより一六〇〇年も前に生まれた古代ローマの詩人ユウェナリス（西暦六〇―一三〇年）は『風刺詩集』で権力者から無償で与えられるパン（食べ物）とサーカス（娯楽・競技）によって、ローマ市民が政治的盲目に置かれることを指摘した「パンと見世物」という愚民政策を揶揄し警告し、「健全なる精神は健全なる身体に宿る」という箴言を遺しました。

現在、世界は地球温暖化による風水害の頻発や地震・原発に対する真剣な対応が迫られています。こんな中、新型コロナウイルスの襲来です。この感染病の厄介なことはテレビ・新聞で繰り返し報道され、命と身体と頭脳と健康の在り方が根源から問われています。もう「戦争」という国家間の争いはできないでしょう。

来年七月開催予定の世界各国からのスポーツエリートが出場することを建前としている東京オリンピックも新型コロナのパンデミック（世界的流行）により風前の灯です。政府の二回の緊急事態宣言中、新聞・テレビも国会議員やジャーナリスト、評論家もオリンピックの開催についてはタブーと忖度の態度でした。しかしここ数日前から中止論がチラホラでるようになりました。遠からず中止発表がなされるかもしれません。

中止ならば日本政府はできるだけ早く「中止宣言」を発表するべきであると、私は思います。と同時に福島原発の放射能排水処理に対する対策、自然破壊を無理強いに強行している沖縄辺野古基地建設の中止、イージス艦基地造成の中止等々を公にし、ポストコロナウイルス社会を見据えた対策に全力を尽くすことを宣言するならば、政府と国民の信頼関係が回復することができると私は確信します。

二〇二〇年五月一〇日、本書校了の日

林　順治

第八章　日本古代国家と天皇の起源——運命の鏡隅田八幡鏡は物語る

◆はじめに

アマテラスも八幡神も、古代から天皇家の始祖神として崇拝され祭られてきた。しかし二つの始祖神はその誕生も成り立ち大きく異にしている。

「われわれはすでに大八洲国《おおやしまこく》と山川草木を生んだ。天下の主たる者を生もう」と言われて生まれたアマテラスは輝くことあまりにも明るく美しいので、イザナキとイザナミはアマテラスを天の柱を伝わせて天上に送った。

天上に送られて二度と地上に降り立つことのなかったアマテラスは、日の神とも大日孁貴《おおひるめのむち》とも日神とも呼ばれ、五世孫ヒコホホデミ（彦火火出見＝神武）の東征を助け、人にして神、神にして人の神武を初代天皇として大和橿原で即位させた。その時は紀元前六六〇年、干支は辛《しん》酉《ゆう》の年であった。

アマテラスは万世一系天皇の物語「記紀」（『古事記』と『日本書紀』）の主役であり、天皇家の揺るぎのない皇祖神である。「記紀」には一度も登場しなかった八幡神とはくらべようもない隔絶たる天つ神である。

一方の八幡神が一躍注目されるようになったのは孝謙天皇（聖武天皇の子）の即位式（七四九年）に宇佐から上京し、東大寺大仏の守護神として復活した時である。のち源氏三代（頼信・頼義・義家）の初代河内源氏の源頼信は、誉田《ほむた》陵（応神陵）に納めた「告文《こうぶん》」によって「大菩薩の聖体（応神天皇）は源氏の二二世の氏祖である」と自らの出自を明らかにした。

この中世武士団の棟梁による第一六代天皇応神を始祖とする宣告も地方豪族に対して効果はあっても、中央にはさほど大きな影響を与えることはなかった。しかし応神天皇が源氏三代の始祖王であることは、史実に見合う本当のことである。

たしかに源頼信の告文の約二〇〇年前から桓武天皇（在位七八一—八〇六）を始祖する源氏（臣籍降下）二一流の天皇になれなかった都にすむ平安貴族の皇子や皇女にとって、宇佐から石清水に遷座した八幡神は熱烈なる崇拝の対象となった。

たとえば、藤原道長に娘倫子《りんこ》を嫁がせた宇多天皇（在位八八七—八九七）の孫左大臣源雅信は「南無八幡大菩薩云々」という念誦を毎日百回行うことを日課にし、かつまた「音楽堪能、一代之名匠也」といわれるほど琵琶の名手であった。

さてここで、現在の私たちの時代に近い明治維新前後にアマテラスが突如として現れ、物議をもたらした二つの事件を紹介しようと思う。一つはアマテラスのお札が天から降ったという摩訶不思議なデマが起爆剤となって〝ええじゃないか〟騒動が四国・阪神地方を中心に起こった。もう一つのアマテラスが関係する政治的事件は、公武合体構想をすすめた老中安藤信正に対する水戸藩士の桜田門襲撃事件（一八六〇年）である。

漱石と同年に香川県の山村に生まれ、後、類《たぐい》まれなるジャーナリストとなった宮武外骨《がいこつ》（一八六七―一九五五）について一言述べておく。宮武外骨は、大日本帝国憲法公布の一七日後に出版した雑誌の図が不敬罪とされ、石川島に三年の獄中の身となった。その図とは、一段高い壇上から骸骨が正装した頓智協会員に頓智研究法を授けている様子を描いたものであった。その後も、外骨は数々の筆禍事件で入獄したが、警察署長に「あなたの性格はイツごろからソンナに変わったのですか」と聞かれ「遺伝でも両親の教育のせいでもない」とその時は答えたが、その後、外骨は〝えいじゃないか〟の影響だと確信するようになったと、自伝に記している。というのは外骨の生れた家は庄屋であったので、何度も〝ええじゃない〟に襲われたからである。

もう一つのアマテラスがからむ政治的事件のきっかけとなる「公武合体構想」は「天照大神の御はからい、朝廷の御任によりて、東照神御祖命《あずまてるかみのおやみこと》よりつぎつぎ、大将軍家の天下の御政《おんまつりごと》をば敷行《しきおこな》わせ玉ふなり」という本居宣長（一七三〇―一八〇一）の思想を根幹としている。

本居宣長の思想によれば徳川家康を祭神とする東照神御祖命は、アマテラスの亜流であるから、もとはといえば朝廷が幕府に政治を委任している。幕府は力の後退という避けがたい政治状況のなかで、アマテラスを祖とする天皇を政治の場に引き出し「公」の論理として位置つげる必要があった。

幕府による「公武合体構想」は、諸藩からの激しい批判とあいまって下級武士から澎湃《ほうはい》として起こった「攘夷」という激しい突き上げを回避する窮余の策であった。佐幕は読んで字のごとく幕府を助け、尊王は天皇を尊《たっと》ぶ行為である。二つの行為は相矛盾する。

しかし本居宣長がいうように、天皇に委任されているのだから、委任された徳川幕府は駄目になったら、委任する天皇を持ち出し再建するしかない。攘夷とはまさに対外的、かつ国際的な問題であるから「東照神」では駄目で「天照大神」でなくてはならない。

当初、幕府再建の論理の主体は水戸学をベースにする佐幕的尊王論であった。しかし、水戸学の藤田東湖ら佐幕尊王論を尊王論に切り替えたのが吉田松陰（一八三〇—一八五九）である。松陰は松下村塾を開き、維新政府で名を成した高杉晋作、伊藤博文、山縣有朋らの面々を教育した。のち桂小五郎（木戸孝胤）の手付として江戸詰めしていた伊藤博文は、松陰が安政の大獄で斬首された際、師松陰の遺骸を引きとった。

明治二年一月の薩長土肥の藩主がそれまで所有していた領有・領民を天皇にもどす「版籍奉還」の上表文の冒頭には次のように書かれている。

天祖はじめて国を闢《ひら》き基《もとい》を建玉《たてたま》ひしより、皇統一系万世無窮、譜天率土、その臣に非《あら》さるはなし。

同月、初代兵庫県知事伊藤博文（一八四一—一九〇九）は「君主政体」などを盛り込んだ『国是項目』を提出し、のち大日本帝国憲法公布（一八八九年）の立役者となった。伊藤博文は『憲法義解《ぎかい》』という各条文の解説書を憲法発布の四ヵ月後の六月に発行した。

実質は井上毅《こわし》の作成によるものだが、著作権者は伊藤博文になっている。『憲法義解』は明治二一年に完成していた憲法草案が元になった。『憲法義解』の「万世一系天皇之を統治する」の解説は「神国開国以来、時に盛衰ありといえども、世の乱性ありといえども、皇統一系宝祚《ほうそ》の隆《さかえ》は天地と与《とも》に窮《きわまり》なし」とある。

この「天壌無窮《てんじょうむきゅう》の詔勅《しょうちょく》」はアマテラスが皇孫のホノニニギに玉と鏡と剣を与えて、「葦原の千五百秋瑞穂国《ちいほあきのみずほのくに》は我が子孫が君主たるべき地である。汝、皇孫よ行って治めなさい」に続く言葉である。

一九四五年四月二二日ソ連軍によってベルリンは陥落した。その月の二九日ヒトラーは愛人エヴァ・ブラウンと官邸の地下壕で結婚式をあげ、翌日、エヴァ・ブラウンとともに自殺した。ヒトラーは一通の遺書を残したが、それには「開戦の責任はすべてユダヤ人およびユダヤ人のために働く政治家にある」と書かれていた。ヒトラーは最後までユダ人憎悪という誤ったイデオロギーから逃れることができなかった。

同年五月七日ドイツは北フランスのランスにあるアイゼンハワー司令部で無条件降伏の調印をした。いっぽう日本は五月四日に始まったアメリカ軍の沖縄上陸作戦に対する日本軍の総反撃は完全に失敗し、日本側の死者二四万人、内、正規軍六万人、防衛隊二万八〇〇〇人、沖縄住民および戦闘協力者一五万人に達した。今井正監督の映画『ひめゆりの塔』（一九五三）に沖縄の悲劇が象徴的に描かれている。
内大臣の木戸幸一は日記に「今、真剣に考えばならないのは、三種の神器の護持のことです。これを守らないと皇統二六百有余年の象徴を失うことになります。結局、皇室も国体も護持得ざることとなります」と天皇に進言したことを日記に書いている。その六日後の昭和二〇年（一九四五）七月三一日、天皇は木戸の進言に対して次のように答えた。世界史上はじめて、ヒロシマに原爆が投下される一週間前のことである。

先日、内大臣の話した伊勢神宮のことは誠に重大なことと思い、種々考えていたが伊勢と熱田の神器は結局自分が持参して御守りするのが一番よいと思う。しかしこれは何時御移しするかはいかがなものかと思う故、信州の方へ御移しすることの心組で考えてはどうかと思う。この辺、宮内大臣ととくと相談し、政府とも交渉してもらいたい。万一の場合は自分が御守りして運命をともにするほかはないと思う。

木戸幸一の日記を通称「木戸幸一日記」という。この日記は木戸が内大臣秘書官となった一九三〇年から極東軍事裁判（東京裁判）の被告（A級戦犯）として巣鴨拘置所に収容されるまでの記録である。
敗戦までの記録は東京裁判の際に木戸本人の証拠書類として提出されたが、木戸幸一は明治の元勲木戸孝允《たかよし》（桂小五郎）の孫にあたる。前内大臣牧野伸顕《まきののぶあき》が大久保利通（一八三〇―

一八七八）の次男であったように、昭和天皇は維新元勲の師弟を身近に登用した。これら天皇の身辺に仕える人たちは「宮中グループ」と呼ばれた。

本書『日本古代国家と天皇の起源』は『古事記』も『日本書紀』もほぼ同時に藤原不比等によって造られたとする上山春平や石渡信一郎の説を受けて日本古代国家の起源＝天皇の起源を質《ただ》した。もし二人が正しいとすれば、アマテラスの誕生と伊勢神宮の内宮（アマテラス）と外宮（豊受大神）の創建は天武・持統から藤原不比等に引き継がれ、不比等が権力の絶頂期にいたる約二〇年の間にでき上がったと考えることができる。

アマテラスが「記紀」（『古事記』も『日本書紀』）編纂時に誕生したのであれば、アマテラスは加羅系渡来集団の始祖崇神・垂仁が祭ったアマテルを自分の妻神（ヒメ神）とした八幡神よりもっとあとに遅れて生れた神であることがわかる。

藤原不比等は天武↓持統（女性天皇）↓文武↓元明（女性天皇）↓元正（女性天皇）↓聖武天皇↓孝謙天皇（女性天皇）と皇位継承の危機的状況が予想されるなか、「日本」という呼び名にふさわしいアマテル神でもなく、八幡神でもなくアマテラス神をつくった。アマテラスが女神であるのはそのためである。

本書はアマテラスを祖とし神武と初代天皇とする万世一系天皇の物語「記紀」を検証し、日本古代国家は新旧二つの朝鮮半島から渡来した加羅系と百済系の集団によって建国されたことを明らかにする。そのために次の三つの説の助けを借りたことをお伝えしておく。

一つはジークムント・フロイトが晩年の著作『モーセと一神教』で指摘した「二つの民族集団の合体と崩壊。すなわち最初の宗教は別の後の宗教に駆逐されながら、後に最初の宗教が姿を現し勝利を得る」という心的外傷（トラウマ）の二重性理論である。

二つは石渡信一郎の一連の実証的研究をつらぬく命題「新旧二つの朝鮮半島からの渡来集団による日本古代の成立」、すなわち加羅系と百済系による二つの倭王朝説である。

三つは井原教弼《みちすけ》が提唱した「干支一運60年の天皇紀」である。井原教弼は『日本書紀』編纂者による日本建国史の改作のシステム「神武を初代天皇とする皇紀二六〇〇年」の〝虚と実〟を明らかにしたのである。

◆おわりに

物の哀れを知る心

『古事記』が天武天皇の志によって成ったと信じていた本居宣長は、「物の哀れを知る心」について初期の歌論『排蘆小船《あしわけおぶね》』（一七五六年）で、「神代から今に至り、末世の無窮に及ぶまで、読み出る和歌みな、あわれの一言より外なし。伊勢源氏その外あらゆる物語までも、又その本意をたずぬれば、あわれの一言にてこれを弊ふべし」と書いた。宣長はその後の著作『石上《いそのかみ》私淑言《ささめごと》』で「物の哀れを知る心」こそ、日本人のもつアイデンティとした。

中国文学者の吉川幸次郎は、宣長の『源氏物語』をテーマとする「物の哀れを知る心」は、歌学論であるばかりでなく認識論であると指摘した。吉川によれば、宣長の思考の大きな特徴の一つは、善と悪との並存、幸福と不幸の並存、すなわち、「吉善《よごと》」と「凶悪《まがごと》」の並存こそ人間の必然である。

「物の哀れを知る歌の心」を宣長は『古事記』の倭建命《やまとたけるみこと》（以下、ヤマトタケル）の望郷の歌にもその用例を見いだしている。宣長は「ここの文《ふみ》のさまを思うに、阿礼《あれ》此時存在《いき》りと見えたり」と、太安万侶が元明天皇の『古事記』を献上したとき稗田阿礼《ひえだのあれ》は存命していたと考えていた。ちなみにヤマトタケルの漢字表記は『古事記』は倭建命、『日本書紀』は日本武尊である。

しかし本書でも繰り返して述べてきたように、ヤマトタケルは倭の五王「讃・珍・済・興・武」の倭王武、すなわち百済系ヤマト王朝の始祖王となった応神こと昆支大王のモデルである。また倭武はヤマトタケルと読むことができる。

『日本書紀』「景行紀」に書かれているヤマトタケルの東征と熊襲征伐の物語は、倭武（昆支、応神）が高句麗の侵略に対して宋に救援を求めた上表文「東は毛人を征すること五五国、西は衆夷を服すること六六国、渡りて海北を平らぐこと九〇国」を反映している。

では何故、ヤマトタケルは白鳥となって能煩野《のぼの》を飛び立ったのか。『古事記』はヤマトタケルの死を次のように描いている。

美濃の当芸野《たぎの》に着くと、倭建は「こんな風に歩けなくなる前には、空を飛んで行こうと思っていたのに」と嘆いた。それゆえ、この地を名づけて当芸《たぎ》といった。また、少し歩いたがひどく疲れたので杖をついた。それゆえ、その地を杖衝突坂《つえつきさか》という。こうして伊勢の乙津前《おつのさき》の一本松に着いた。そこは以前、東征の途中に食事したところであった。その時忘れた刀がまだそのままあった。

そこで倭建は「尾張に　直《ただ》に向かえる　尾津の崎なる　一つ松　あせを　一つ松　人にありせば　太刀佩《たちは》けましを　衣著《きぬき》せましを　一松　あせを」と歌った。そこからさらに先に進み、三重村に着いた。「私の足は三重に曲げた餅のように腫れ曲がってしまった」と倭建が言った。そこを名付けて三重という。また、先に進み能煩野に着いた時、倭建は〝倭《やまと》は　国の真秀《まほ》ろば　たたなづく　青垣《あおがき》　山隠《やまごも》れる　倭《やまと》し美《うるわ》し〟など四つ歌を続けて歌い、息絶えた。

皇祖神の言霊

ヤマトタケルが最後に息を引き取ったという能煩野は、いまだ特定されていない。本居宣長の『古事記伝』によると、「この野は、今其の地形を見るに、大方鈴鹿郡の北方は、半《なから》にも過ぎて、皆野なる、その内に村里も数多あり、田畠なる地も多かれども、また遥遥なる処々も多くして、すべては一連の大野にして当郡の東西の極まで渡れる」と、三重県鈴鹿市北方から鈴鹿郡鈴峰村、亀山市かけての野を推定している。宣長自身、その他、いくつかの候補地を挙げている。

市販の『古事記』註釈本や郷土史家による能煩野の推定地は、今も宣長が推定した候補地を越えていない。そもそもヤマトタケルの話は伝説にもとづく創作であって、考古学的に立証しようとしても無理がある。

この地は天武（大海人）が壬申の乱を起したときのいわば牙城であった。天武が「天照大神」を望拝した地は朝明郡《あさあけのこうり》迹太川《とお》の辺りであった。宣長が「杖衝突坂」について説明した文のなかに天武がアマテラスを遥拝した地「朝明郡」の名が見える。

宣長は『日本書紀』をよく知っていた。にもかかわらず、宣長は「日本書紀が表にたち、古事記が裏になり、私物のように扱われている」と考えた。宣長にとって『古事記』は『日本書紀』とは違い、古《いにしえ》の事を伝えた古の言葉を失っていない書であった。

だからこそ宣長は安万侶が語る阿礼の誦習《しょうしゅう》を信じて疑わなかった。宣長にとって旧辞とは天武天皇が語るそのままに阿礼が誦習したものであった。わが国の文学の始まりを祝詞《のりと》と宣命《せんみょう》と考える宣長にとって『古事記』はなくてはならない「いともあやしき言霊」を収集した口承文学であった。

『日本書紀』から天武が朝明郡《あさあけのこうり》迹太川の辺りで天武がアマテラスを望拝したことを知っていた宣長は、そのアマテラスは阿礼が誦習した『古事記』神代のアマテラスであると確信を強めこそすれ、加羅系崇神王朝が祭る日神アマテルであることに気が付かなった。

もとより宣長は万世一系天皇の始祖神アマテラスが天武・持統天皇によって構想され藤原不

比等によって完成した新しい神であることを知らなかったのだから、天武が朝明郡の迹太川のほとりでアマテラスを望拝したことから、天武が阿礼に語ったことはまさに天武が皇祖神の言《こと》霊《だま》を語ったものと信じたのであろう。

白鳥が飛び立った地

『古事記』によれば白鳥が飛び立つ地は能煩野と河内国の志紀の二ヵ所だが、『日本書紀』は能煩野と倭《やまと》の琴弾原《ことびきはら》と古市邑《ふるいち》の三ヵ所である。『日本書紀』では能煩野を飛び立った白鳥は、御所《ごせ》の富田に降りる。JR和歌山線掖上《わきがみ》駅の西方約四キロの地にある白鳥陵から眺めることのできる葛城山・金剛山東山麓は素晴らしい。現在、国道三〇九号線は全長二四〇〇メートルの水越トンネルで大阪府河内郡千早《ちはや》赤坂村と奈良県御所市を結んでいる。

白鳥はどうして能煩野から御所に飛んだのだろうか。また白鳥が羽曳野の陵を飛び立ったとき、妃も皇子も何故追いかけなかったのだろうか。白鳥が飛ぶコースは第一次加羅系渡来集団である尾張連氏の移動を示している。尾張連氏の本拠には尾張説・大和葛城説・河内説があることはすでに述べた。百済の王子昆支が渡来して婿になった先は、倭の五王「讃・珍・済・興・武」の済が本拠をおく河内南部の大和川と石川流域の羽曳野《はびきの》台地であった。

白鳥は尾張能煩野→大和葛城→河内古市と順番に飛んだが、昆支が婿入りした倭王済の後裔氏族尾張連氏の権力支配は、白鳥の飛んだコースとは逆に河内古市→大和葛城→尾張と移動・拡大・分散している。金剛山地東麓の大和葛城地方は昆支が大王になってからの支配地であり、白鳥が最初に飛び立った尾張地方は大和葛城に続いて昆支大王の支配が及んだ地とみることができる。

望郷の母国百済

百済の王子昆支は高句麗の侵略によって百済が崩壊する前に倭国崇神王朝の倭王済に婿入りしたのち、百済ヤマト王朝の始祖王となった。百済系倭王朝の昆支を始祖とする大王家は乙巳《いっし》のクーデター（五三一年）を境に継体系と昆支系蘇我氏に分かれ、皇位継承の争いをした。乙巳のクーデターによって蘇我王朝を倒した継体系の天智と天武と加羅系渡来集団残存勢力の藤原氏は、百済系ヤマト王朝の始祖王昆支の出自と昆支系蘇我王朝三代（馬子・蝦夷・入鹿）を歴史から抹殺した。

ただし百済が継体系天智・天武にとっても母国であることには変わりない。天智政権による唐・新羅連合軍との白村江の戦いは、かつての高句麗との戦いとは次元をことにする東アジアのシステムを根幹から変えた。白村江の戦いは百済を出自とする天皇家にとってまさに国家存亡をかけた遠征であった。しかし百済はついに歴史から消え去った。

建国以来、侵略・逃亡・建国・崩壊を繰返し、辛酸をなめた百済。その百済から渡来した昆支（倭武）が創った倭国は、真秀《まほ》ろばの国、青垣山隠れる倭《やまと》し美しの国、あたかも蜻蛉《あきず》が交尾しているような国、虚空見《そらみ》つ日本《やまと》の国であった。

羽曳野台地を飛び立ったヤマトヤマトタケルの霊は昆支が生まれた地百済に向かって飛んだ

と、私は想像する。昆支の出自を隠そうとした昆支の末裔たちも、母国百済は否定しようとしても否定できないわが魂の故郷《ふるさと》であり、宣長のいう「物の哀れを知る心」であった

私からみれば、「物の哀れを知る心」は国家崩壊の辛酸を舐めた天皇家のトラウマということになる。『日本書紀』神武天皇三一年四月一日条に次のような意味深長な記事がある。〝意味深長〟というのは、神武天皇は昆支（倭王武、応神）の分身・虚像であるからだ。

天皇神武は国中を巡幸した。その時、腋上の嗛間丘《ほほまのおか》に登って、国の状況を視察して「ああ、なんと美しい国を得たことよ。内木綿《うつゆう》の本当に狭い国ではあるが、あたかも蜻蛉《あきず》が交尾している形のようでもあるよ」と言った。これによって秋津洲《あきずしま》という名が生じたのである。

昔、伊耶那岐尊《いざなきのみこと》がこの国を名付けて、「日本《やまと》は浦安の国、細戈《くわしほこ》の千足《ちだ》る国、磯輪上《しわのかみ》の秀真国《ほつまこく》」と言った。また大己貴神《おおあなむち》大神は名付けて「玉牆《たまがき》の内つ国」と言った。饒速日命《にぎはやひ》は、天磐船《あまのいわふね》に乗って虚空《あおぞら》を飛翔して、この国を見下ろして天降ったので、名付けて、「虚空見《そらみ》つ日本の国」と言った。

「日本」という名の誕生

いわゆる「日本《やまと》」という呼称が使われるようになったのは、七世紀後半以降である。したがって、紀元前六六〇年の神武の時代に「日本」と呼ばれたことも書かれたこともありえない。

『旧唐書』という五代晋の劉昫《りゅうく》（八八七―九四六）によって編纂された歴史書がある。「倭国日本伝」はこの史書の東夷伝のうちに収録されているが、ごく簡単なものである。この「倭国日本伝」が極めて刺激的なのは、いわゆる日本について「倭国伝」と「日本伝」に書き分けていることである。

この点について、日中交渉史の研究に大きな業績をあげた大庭脩《おさむ》は、「『倭国伝』と『日本伝』の間の記事の断絶は、単なる言われているような編纂ミスではなく、白村江の戦いと壬申の乱を経たのち天武政権による日本国が成立したとする見解が中国側にあり、その結論がでないままに記述された可能性がある」と指摘している。『旧唐書』倭国日本伝には次のように書かれている。

日本国は倭国の別種なり。その国日辺にあるを以て、故に日本を以て名となす。あるいはいう。倭国自らその名を雅ならざるを悪《にく》み、改めて日本となすと。あるいはいう、日本は旧《もと》小国、倭国の地を併せたりと。その人、入朝する者、多く自ら矜大《きょうだい》、実を以て対えず。故に中国これを疑う。またいう。その国の界、東西南北各々数千里あり、西界南界は咸《みな》大海に至り、東界北界は大山ありて限りなし、山外はすなわち毛人の国なり。

『続日本紀』によると、文武天皇元年（六九七）八月一七日の「現御神《あきつかみ》による治天下宣言」の翌年の一二月二九日に、「多気大神宮を渡会郡に移した」とある。『アマテラスの誕生』の著者筑紫申真は、「天武天皇による大来皇女の斎王指名（六七三）から持統天皇一〇年（六九二）までは、プレ・アマテラス、プレ・皇大神宮の状態であったが、文武二年（六九八）の多気大神宮（瀧原宮。三重県度会郡大紀町滝原、ＪＲ紀勢本線滝原駅）の渡会（三重県伊勢市）への移転から事情は一変した」と指摘する。

というのは文武二年以降の伊勢神宮は他の神社とはちがった特別の祖廟として扱われるようになったからである。つまり筑紫申真はアマテラスの誕生は、草壁皇子が亡くなった時に柿本朝臣人麻呂が歌った「天照す、日女尊」（万葉集巻二）の持統三年（六八九）から文武二年までの一〇年の間であったと指摘している。

真弓岡陵と束明神古墳

「外《よそ》に見し　真弓《まゆみ》の岡も　君ませば　常《とこ》つ御門と　侍宿《とのゐ》するかも」という万葉集（一七四）の「真弓の岡」にあたる「真弓丘陵《まゆみがおか》」（別称岡宮天皇陵。所在地：奈良県高市郡高取町大字森、近鉄吉野線壺阪山駅下車）という宮内庁管理の天皇陵がある。そもそも真弓丘陵が岡宮と呼ばれるようになったのは天平宝字二年（七五八）八月孝謙天皇（聖武天皇と光明皇后の皇女）によって草壁皇子に「岡宮御宇天皇」と追号されてから、この真弓丘陵は草壁の墓にとされた。

昭和四七年（一九七二）の高松塚古墳の発見以来、終末古墳の調査を進めてきた県立橿原考古学研究所（以下、橿原考古研）は昭和五九年と昭和六〇年の二次にわたって岡宮天皇陵の北方三〇〇メートルの佐田集落の奥にある束明神《つかみょうじん》古墳（所在地：奈良県高市郡高取町大字越智小字南西久保の春日神社境内）を発掘調査した。

調査の結果、束明神古墳は数回の盗掘によって副葬品が何も残っていないことや、古墳が八角墳であることがわかった。しかし石室内から検出された歯牙六本は青年期から壮年期男性の被葬者のものと推定され、また地元には古くから草壁皇子であるという伝承が残っていた。

古墳のある場所が「佐田」であること、墳丘が八角墳であること、石室内で見つかった人歯が草壁の死亡年齢とほぼ一致することから被葬者は草壁皇子の可能性が高いとされていた。ちなみに『万葉集』に収録されている柿本人麻呂による草壁皇子の死を悲しむ歌に「佐太の岡」や「真弓の岡」が記されている。次に紹介する三首も柿本人麻呂もふくめた護衛・雑役・宿直など下級官吏らによる二四首の中にふくまれている。

・朝日照る佐太の岡辺に群れ居つつ吾等《あ》が泣く涙やむ時もなし（一七七）
・橘の島の宮には飽かねかも佐太の岡辺に侍宿しに往く（一七九）
・鳥座《とくら》立て飼ひし雁の子巣立ちなば真弓の岡に飛び還り来ね（一八二）

柿本人麻呂の死

柿本人麻呂の挽歌に「佐太の岡」や「真弓の岡」や「橘の島の宮」が記されているのは「記紀」編纂の指導的立場にいた藤原不比等にとっては不都合極まりない歌であった。言ってみれば「橘の島の宮」は大王馬子＝聖徳太子の居城であり、しかも天武＝大海人＝古人大兄皇子は大王馬子の娘法堤娘郎《ほてのいらつめ》の子である。そして天武は大王馬子の孫にあたる。

柿本人麻呂の挽歌が不比等の構想する「アマテラスを祖と初代天皇神武とする万世一系天皇の物語」にどれほどの障害になるのか、不比等自身が一番よく知っていたはずである。事実、『続日本紀』に元明天皇和銅元年四月二〇日条に「従四位下柿本佐留が卒した」と記されている。

柿本人麻呂が死去した和同元年は元明天皇が即位した翌年だが、元明は即位にあたり「不改常典《ふかいのじょうてん》」を宣言した。人麻呂は天武・持統に仕えた超一流の宮廷歌人であり、加えて草壁皇子は天武と持統の日嗣の皇子である。この日嗣の皇子の后《きさき》にあたる元明が即位した翌年に「人麻呂が死んだ」という一行にも満たない記事はよくないことを暗示している。

しかも「柿本佐留」の「佐留」は明らかに差別名〝猿〟に通じ蘇我王朝三代の馬子・蝦夷・入鹿の差別名に酷似している。柿本人麻呂は梅原猛が『水底の歌』でいみじくも指摘したように藤原不比等政権下で流罪あるいは刑死の罪に陥れられたとみるのが自然である。

佐田集落では幕末までこの東明神古墳を岡宮天皇陵として祭っていたが、明治維新政府は突然草壁皇子の御陵に指定するという通知を出したので、佐田村の人たちは強制移住を恐れて東明神古墳の石室を破壊してしまった。

その結果、明治政府の指定する御陵は佐田村の三〇〇メートル南の素戔嗚《すさのを》神社の本殿の地(現岡宮天皇陵)とされ、素戔嗚神社は御陵の東側に移されることになった。したがって真弓丘陵=岡宮天皇陵は江戸末期から明治にかけて指定されたことがわかる。

というのは文久三年(一八六三)八月一三日孝明天皇が攘夷のための大和行幸を宣言する

が、公武合体派（薩摩・会津）の政変によって挫折する。この年の一一月に神武天皇の陵が完成する。真弓丘陵が岡宮天皇陵とされたのは、おそらく天保五年（一八三四）の将軍は徳川家斉（在位一七八七——一八三七。天皇は仁孝）の時かもしれない。もちろん真弓丘陵は宮内庁の管理下にあり、発掘調査はできない（拙著『日本古代史問答法』「神武天皇の墓は神武田という小さな古墳を改造したものです」参照）。

「日十大王」＝ヤマトタケル

『日本書紀』景行天皇四〇年是年条に「かがなべて　夜には九夜《ここのよ》　日には十日を」という歌がある。訳者頭注によると「かがなべて」は「複数の日を並べて（万葉集二六三）」とある。『万葉集』巻第三の二六三は「馬ないたく　打ちてな行そ　日並《けなら》べて　見ても我が行く　志賀にあらなくに」という歌だ。この歌の「日並」は天武と持統の嫡子草壁皇子の〝日並知《ひなみし》〟に通じる。また先の柿本妃人麻呂の歌の解題「日並皇子尊《ひなみしみこと》の殯宮《あらきのみや》の時に柿本人麻呂の作る歌一首」の「日並」と同義である。

先の景行天皇四〇年の「かがなべて」は夜警の者がヤマトタケルのために歌ったものだが、最後の「十日」は意味不明だ。しかし「十日」の倒置（ひっくり返すこと）は「日十」となる。すると隅田八幡鏡銘文の「日十《ソカ》大王」の「日十」（倭王武＝昆支）と同義である。ヤマトタケルは大王になれなかった悲劇の皇子だ。しかし藤原不比等ら『日本書紀』編纂者は天皇になれなかった草壁皇子の分身・虚像としてヤマトタケルをつくった。しかし太安万侶の『古事記』

序文には次のように書かれている。

上古においてはことばもその意味もともに飾り気がなくて、文章に書き表しますと、どういう漢字を用いたらよいか困難なことがあります。すべて訓を用いて記述しますと、字の意味と古語の意味とが一致しない場合がありますし、そうかといって、すべて音を用いて記述しますと、字の意味の古語の意味とは一致しない場合がありますし、そうかといって、すべて音を用いて記述しますと、文章がたいへん長くなります。

それゆえここでは、ある場合は一句の中に音と訓を混じえて用い、ある場合は一つの事柄を記すのに、すべて訓を用いて書くことにしました。そして、ことばの意味のわかりにくいのは注を加えて明らかにし、事柄の意趣のわかりやすいのには別に注はつけませんでした。また氏においては「日下」をクサカと読ませ、名で「帯」の文字をタラシと読ませるなど、こういう類例は従来の記述に従い、改めませんでした。

私は「氏においては『日下』をクサカと読ませ、名で『帯』の文字をタラシと読ませるなど」という箇所を読んで、すぐ次の三つのことが思い浮かべる。一つは隅田八幡人物画像鏡銘文の「日十大王」の「日十」のことであり、二つ目は『隋書』倭国伝の「姓は阿毎《あめ》、字《あざな》は多利思比孤《たりしひこ》」の「阿毎」と「多利思比孤《たりしひこ》」の「多利思《たりし》」である。

そして三つ目は、日高見国より引き上げて常陸をへて甲斐国に至り酒折宮《さかおり》に泊まった夜に歌ったヤマトタケルの「新治　筑波を過ぎて　幾夜か寝つる」という問いに応えて歌った「日《か》日並《がな》べて　夜には九夜日には日十」のことである。

夜警の老人の歌は「日に日に重ねて、夜は九夜、日では十日になります」と解釈されているが、日高見国から帰還したヤマトタケルに応えた歌としてはあまりにも淡泊すぎる。ヤマトタケルは隅田八幡人物画像鏡銘文「日十大王」の象徴と考えられる。歌の「日日」と「十日」は昆支を意味する暗号であろう。

暗号だとすれば「日十」は「十日」の倒置法による文字の逆転ではないだろうか。「日十大王」は百済から渡来した昆支であることはわかっている。そして『隋書』倭国伝の「阿毎多利思比孤」は大王馬子であることもわかっている。太安万侶は隅田八幡鏡の存在をたしかに知っていた。

「日本」が日下《ひのもと》の好字であることを知っていた太安万侶は、昆支＝倭王武（応神）の隠蔽工作の方法として『古事記』序文の「日下」とヤマトタケルの夜警の老人が歌った「十日」を結びつけることよって、密かに「日十大王」を暗示させようとしたのだろう。

このようなことをつらつら考えて数日過ごしたのち、近くの区立図書館で偶然発見した小林敏雄著の『日本国号の歴史』（「日本呼称の由来と日下・扶桑・日域」吉川弘文館、二〇一〇年）から、夜警の老人が歌った「日日並《かがな》べて　夜には九夜日には日十」の謎を解く資料の所在を知ることができた。著者小林敏雄氏の趣旨を損ねないように、要約して紹介させていただく。小林氏が依拠する資料は、『「日本」とは何か』（神野志隆光）、『遣唐使の研究』（増村宏）、『続日本紀』、『山海経《せんがいきょう》』（高馬三良）などである。

日下・日域・扶桑も日本の由来を考えるうえで重要な称号である。ここでは増村宏の研究が参考になる。日下《じっか》は東晋の郭璞《かくはく》の注によれば、漢代の字書『爾雅《じが》』に書かれている「四極・四荒・四海」の四荒（觚竹・北、北戸・南、西王母・西、日下・東）は四海（九夷・東、八狄・北、七戎・西、六蛮・南）より外にあり、「四方極遠之国」である四極より内にあるとされている。

すなわち日下とは東方、日に出る所の下の国であって、そこは中国からみたとき、言語が通ぜず、礼儀・文章のない荒れた地の一つであった。

また『続日本紀』孝謙天皇天平勝宝四年（七五二）閏三月九日条の大使藤原清河（北家藤原房前の第四子）が遣唐使の時、唐の玄宗皇帝が「送日本使」と題して「御製詩」を贈与しているが、この五言詩《ごごんし》の中に日下がみえる。

また日本では最古の漢詩集といわれている『懐風藻』（選者未詳、天平勝宝三年成立）のなかにも「日下」がみえる。これは日のもと、日の照らす下、天子のひざもと、天下といった意味合いをもっている。例えば「日下《にっか》　方塵に沐す」（采女朝臣比良夫の一首）とか「日下の皇都」（藤原宇合、藤原不比等の第三子、房前の弟）などにみえる。

また中国の最古の地理書である『山海経《せんがいきょう》』の「海外東経」に以下のようにみえる。

下に湯谷《ようこく》有り。湯谷上に扶桑有り、十日の浴する所、黒歯の北に在り、九日下枝に居り、一日枝に居る（「海外東経」）。

同じく『山海経』の「大荒東経」をあげる。

谷有りて湯源谷と曰ふ、湯谷の上には扶木（扶桑）有り。一日まさに至れば、一日まさに出づ、皆鳥を載せたり。

『山海経』をみると、日（太陽）は一〇個あって、それは水中の大木の下枝に九個、上枝に一個あって、湯谷の池で水欲したあと、一個ずつ湯谷の上にある扶桑の木から登っていく。そのとき、鳥をのせているという。

この一個の太陽（日）については、『山海経』「大荒東経」の所に、「東海の外、甘水の間に義和の国有り、女子ありて名づけて義和と曰ふ。方《まさに》日を甘淵に浴せしむ。義和は、帝俊の妻にして、是れ十日を生む」とある。すなわち一〇個の太陽は義和という女子が生んだ子どもで、いつも甘淵で湯浴みさせていたという。のち、義和はわが子太陽を馬や龍にのせる御者として、天空をかけめぐるのである。

後日、私は『山海経』（平凡社ライブラリー）の訳者高島三良の次のような解説を読んですこぶる納得した。

『山海経』の序を書き、注をつけた郭璞《かくはく》は晋の武帝（在位二六五―二九〇）の咸寧二年（二七六）に山西省の聞喜《ぶんき》に生まれた。字《あざな》は景純《けいじゅん》、博学にして経術を好み、郭公について五行・卜筮《ぼくぜい》を学び、元帝に優遇さえて著作佐郎になった。元帝（東晋第一皇帝司馬睿。在位三一七―三二二）の死後、王敦の記室参事となったが王敦に殺される（三二六）。年四九歳であった。

この解説からおおよそ次のような魏・蜀・呉から西晋（二六五―三一六）が興り、西晋が滅びたのち東晋（三一七―四二〇）→宋（南朝。四二〇―四七九）となり、宋は北魏と対立するいわゆる南北朝時代となる歴史的背景がまざまざと浮かび上がってくる。

ちなみに晋の武帝とは魏・蜀・呉三国の一つ魏を継いで晋を起こした司馬炎（在位二六九―二九〇）のことで、元帝とは三一七年南に下って健康に都をつくり、東晋（三一七―四二〇）を興し西晋の将軍琅邪王睿《えい》（在位三一七―三二二）のことである。

東晋は四二〇年劉裕によって滅ばされ、宋（四二〇―四七九、南朝）に代わった。『宋書』倭国伝に記録された倭の五王「讃・珍・済・興・武」については本書に縷々述べた通りである。そして倭の五王の「倭王武」は隅田八幡鏡銘文の「日十大王」（昆支王、応神）と同一人物である。

『山海経』に書かれているように、晋の武帝（在位二六五―二九〇）の時代の陰陽五行の思想は時をへて欽明天皇に伝えられた。『日本書紀』欽明天皇一四年（五五三）六月条に「医博士・易博士・歴博士を交代させ、百済に卜書《ぼくしょ》・歴本を送るように命じた」とある。このように卜書と歴本は百済から倭国に伝えられた。また推古天皇一〇年（六〇二）一〇月条には次のように書かれている。

百済の僧観勒《かんろく》が歴本と天文・地理・遁甲・方術の書物を献納した。この時、書生三、四人を選らび、観勒に付いて学習させた。陽胡史《やこのふびと》の先祖珠陳《たまふる》は暦法を習い、大友主高聡《おおともすぐりこうそう》は天文・遁甲を学び、山背臣日立は方術を学んだ。

推古天皇一〇年（六〇二）は、これまで述べてきたように大王蘇我馬子＝アメノタリシヒコの時代であり、推古天皇も聖徳太子も大王蘇我馬子の分身・化身である。大王馬子は欽明天皇と皇后堅塩媛を埋葬するための日隈大陵《ひのくま》（見瀬丸山古墳）や益田岩船《ますだのいわふね》（占星台）や酒船石・亀石・猿石などをつくったことから、欽明天皇と堅塩媛の子である大王馬子は百済から天文・地理・遁甲・方術を積極的に受け入れたのは当然のことである。

『百済本記』の記事

元明天皇と『古事記』撰録のことで密接な関係があった太安万侶は、藤原不比等の長男藤原武智麻呂のもとで『日本書紀』編纂に深くかかわっていたことが上山春平の研究からも明らかになっている。藤原不比等とその子藤原武智麻呂の下で『日本書紀』は改竄された。次に述べることは日本古代史の根幹にかかわる虚構（虚と実）が隠されているもっとも重要な箇所である。

『日本書紀』継体天皇二五年（五三一年、辛亥年）一二月五日条に「天皇は病気が重くなった。七日天皇は磐余玉穂宮《いわれのたまほのみや》で崩御された。時に御年八二歳であった」と書かれ、その註（補足説明）として次の文が続いている。問題はこの記事である。

　ある本に、天皇は二八年（五三四）歳次甲寅《さいじこういん》に崩御されたという。しかしながら、ここに二五年（五三一）歳次辛亥に崩御されたというは、百済本記によって記載したものである。その文に「太歳辛亥《しんがい》の三月に、進軍して安羅《あら》に着き、乞乇城《こっとくのさし》を造営した。この月に、高麗はその王の安《あん》を殺した。また聞くところでは、日本の天皇と太子・皇子はともに薨去された」（下線は傍点）とある。辛亥年は二五年にあたる。後に勘合《かんごう》する者（調査研究する人）が明らかにするであろう。

註の最後の「日本の天皇と太子・皇子はともに薨去された」を字句通りに理解すると「五三一年＝辛亥年に天皇と安閑・宣化は一緒に死んだ。その年は辛亥年＝五三一年である」となる。「百済本記」がいうように五三一年（辛亥）に継体天皇とともに安閑・宣化が死んだのであれば安閑・宣化は即位できるわけがない。しかし『日本書紀』編纂者は継体の次に安閑、そして安閑の次に宣化が即位したとしている。

そのため後世の学者・研究者、並びに知識人は、安閑・宣化は即位したか、しなかったのかの論争を重ねてきているが、未だに解決されていない。しかし、もし太安万侶が『古事記』と『日本書紀』の編纂を同時に兼ねていたとするならば、『隅田八幡人物画像鏡』の銘文から明らかなように「日十大王」は倭王武（昆支）であり、「男弟王」は継体＝男大迹王であることを、『古事記』編纂当時の太安万侶知っていたと考えられる。

元明天皇に『古事記』を献上した太安万侶だが、『日本書紀』にも『続日本紀』にも太安万侶が『古事記』や『日本書紀』の編纂にかかわったことは記されていない。しかし安万侶が元正天皇の霊亀元年（七一五）一月一日に従四位下に叙任されたことや、翌年（七一六）九月二三日に氏長《うじがみ》に任じられ、その七年後の元正天皇の養老七年（七二三）七月七日民部卿・従四位の位で亡くなったことが記されている。

おそらく太安万侶は「記紀」編纂の功績によって藤原不比等の長子藤原武智麻呂、次男房前《ふささき》に厚遇されたのであろう。とくに藤原房前を祖とする藤原北家は藤原四兄弟で最も繁栄した。のち藤原北家の子弟は光仁天皇（桓武天皇の父）の即位にそれぞれの働きをしている。

昭和五四年（一九七九）一月二一日奈良県此瀬町《このせちょう》（奈良市名張線のバス乗車、矢田原口バス停下車）の武西英夫所有の南側急斜面の茶畑から、方二約メートル、深さ約一・五メートルの「太安万侶の墓」が発見された。墓誌の銘文は「左京四条四防従四位下勲五等太朝臣安万侶癸亥年七月六日卒之。養老七年十二月十五日乙巳」とごく簡単なものである。

しかし太安万侶の系譜については『日本書紀』壬申紀に書かれている安万侶の父多臣品治《おおみのほんじ》から知ることができる。多臣品治は田原本町多の多神社の社家出身の武将であり、その子が『古事記』を編纂した太安万侶である。多臣品治は『日本書紀』壬申紀に「美濃国安八磨郡の大海人皇子の軍事的・経済的基盤である湯沐《ゆのうながし》の管理者多臣品治に連絡し、安八磨郡の兵を動員して不破の道を防いだ」とある。

『古事記』序文は元明天皇（文武天皇の妃、草壁皇子の母）に献上しながら、その内容は天武天皇の功績を讃えていることが次の序文（二段）を見ても明らかである。

飛鳥浄御原《あすかきよみはら》の大宮で大八州《おおやしま》を治めた天皇天武の御代に至って太子として天使たるべき徳を備え、好機に応じた。しかしながら天の時いまだ至らず、出家して吉野山に身を寄せ、人々が多く集って堂々と東国に進んだ。

軍勢は雷のように威をふるい稲妻のように進んだ。天武天皇しるしの赤旗が兵器を輝かすと、敵はたちまち瓦解し、またたくうちに妖気は静まった。すなわち心やすらかに大和に帰り、歌舞して飛鳥の宮にとどまった。そして酉《とり》の年の二月（実際は天武天皇二年二月）浄御原で即位した。

天武天皇の政治は二気・五行の正しい運行に則《のっと》り、神の道を復興して良俗を奨励し、すぐれた教化を国に行きわたらせた。ここにおいて天皇は仰せられるには「私が聞くところによれば、諸家のもたらした帝紀と旧辞とは、既に真実と違い、偽りを多く加えているという。

今この時においてその誤りを改めないならば、幾年も絶たないうちにその本旨は滅びてしまうだろう。この帝紀と旧辞とはすなわち国家組織の根本となるものである。それゆえ帝紀と旧事をよく調べ正し、偽りを削り、真実を定めて撰録し、後世に伝えようと思う」と言った。

時に舎人がいた。姓は稗田、名は阿礼といい、年は二十八であった。人柄は聡明で、目に触れると口で読み伝え、耳に一度聞くと心にとどめて忘れることはなかった。そこで阿礼に仰せられて帝皇の日嗣と先代の旧辞とを詠み習わせた。しかしながら時世が移り変わって、撰録は果たされるに至らなかった。

おおむね書き記した事柄は、天地の始まった時からして、小治田《おわりだ》の御世（推古天皇）に至る。そして天御中主神《あめのみなかぬしかみ》から日子波限建鵜草不合命《ひこなぎさたけうかやふきあえずのみこと》までを上巻とし、神倭伊波礼毘古天皇《かみやまといわれびこ》（神武）から品陀《ほむだ》（応神）の御代までを中巻、大雀皇帝《おおさざき》（仁徳）から小治田の大宮までを下巻とする。

たしかに太安万侶は『古事記』の構成について、上巻は神代、中巻は神武から応神まで、下巻は仁徳から推古天皇までとしたと書いている。『日本書紀』に比較すると、『古事記』は全体の三分の一を神代にあてているが、『日本書紀』は全体の一五分の一である。

『古事記』は舒明から持統までの時期を扱っていないのに対して、『日本書紀』は全体の四分の一強をあてている。言うまでもなく舒明天皇は律令体制を固めた天智・天武の父であり、奈良遷都を実現し、『古事記』を上奏させた元明天皇の祖父である。

しかし『日本書紀』は舒明の出自や系譜について嘘をついている。『古事記』は舒明から持統までの時期を扱っていない。『日本書紀』舒明天皇二年（六三〇）条に「舒明と皇后宝皇女の間に生まれた第一子が葛城皇子（天智）、第二子が間人《はしひと》皇女、第三子が大海人《おおしあま》皇子という。また舒明は夫人蘇我馬子大臣の娘法堤郎媛《ほてのいらつめ》との間に古人大兄を生む」と書いている。

しかし事実は古人大兄＝大海人＝天武であることがわかったばかりでなく、天武は天智の弟ではなく兄であることもわかったのである。それればかりはない。舒明も皇極も即位しなかったことが分かったのである（『天武天皇の正体』）。

先に述べたように舒明から持統までの時期を扱っていない『古事記』編纂の太安万侶は天智と天武の関係を知っていながら何も語ることができなかったのは、「万世一系天皇の物語」に大きな障害になるからであり、またそれゆえにこそ舒明から持統までの時期を除外せざるをえなかったのである。

『日本書紀』編訳に多大なる業績を残した直木孝次郎（一九一九―二〇一九）は、次のように語っている。

注意しなければならないのは、近い時代の記憶に鮮明な事柄を書いた史書だからと言いて、それは時代が近ければ近いほど単純に信用できない。とくに政府の事業として編纂される『日本書紀』は天皇の命によっては、例外を除いて編纂時の天皇や政府の都合の悪いことは削除・隠蔽され、都合の良いことは誇張される。かつての日本の歴史教科書が「満州国」を王道楽土の地と称え、日中戦争を聖戦としたことを想起するが明らかである。

事実、『日本書紀』が多くの分身・化身・虚像をつくり、あったことをないことにし、ないことをあったことにしている。もちろん都合よってはあったことをあった通りに書く時も多々ある。先述したように『日本書紀』と『古事記』は八世紀初頭（七二〇年）の継体・敏達系の舒明天皇の子天武によって企画され、藤原不比等の指導の下に完成した編年体の日本の正史だが、虚実半々の物語である。中大兄（天智）による古人大兄の殺害は、なかったことをあったかのように書いた典型的な例である。

しかし天武天皇＝大海人皇子＝古人大兄の母が大王蘇我馬子の娘法提郎媛《ほてのいらつめ》であるならば、古代日本国家形成の物語は根底から覆されると言って過言ではない。分身・化身・虚像が白日の下に露わになるからだ。詳しくは前著『天武天皇の正体』をご覧いただきたい。

＊　　＊　　＊

やっと本書が完遂《かんすい》した。その間、通い親しんでいたプールや図書館や映画館が閉鎖され、いわゆる新型コロナのパンデミック（世界的流行）や地球温暖化による自然災害や複雑な情報に食と娯楽と心身のバランスに苦しめられた。今は一段落、安堵の感覚である。

『馬子の墓』から今度の『日本古代国家と天皇の起源』までの二〇冊は、まさに彩流社の竹内淳夫さんの手を煩わした。氏の鷹揚な態度に深く感謝する。また、私は石渡信一郎の日本古代史の命題、仮説と言ってもよいが、「朝鮮半島からの新旧二つの渡来集団による古代日本国家の成立」を証明すべく著作を続け、今に至っている。

石渡信一郎は『百済から渡来した応神天皇』（二〇〇一年、（『応神陵の被葬者だれか』の増補新版）の「まえがき」で次のように書いている。

七世紀以前の日本の歴史は、謎のヴェールに包まれてきた。日本人は古代中国やヨーロッパの歴史は知ってはいても、自分の国がどのように成立したかということについては、確実な知識を少しももっていない。これは日本の古代史の研究が停滞しているからである。戦後、日本の古代史研究は、皇国史観から解放されて、大きく前進したかのように言われているが、実際は戦前とあまり変わっていない。この停滞は古代史学者や考古学者の史観に大いに関係がある。戦前の皇国史観に由来する「大和中心史観」が日本の古代史研究の発展を阻んでいるからである。

日本の古代史研究は相も変わらずアマテラスを祖とし神武を初代天皇する日本単一民族説、

すなわち「皇国史観＝万世一系天皇」に依拠している。事実、国立博物考古館の隅田八幡鏡は多数の三角縁神獣鏡と見わけのつかないように置かれている（ワザとそうしているのか！）。国宝の中でも類例のない東アジアの歴史が刻まれている隅田八幡鏡があまりにも矮小化された扱いである。

それればかりではない。中・高校生の文部省検定歴史教科書の稲荷山鉄剣銘文の「辛亥年」が五三一年の可能性が大であるにかかわらず、いかなる説明もなく四七一年とし、ワカタケル大王を架空の専制的な天皇雄略としている。これが古代史学界・考古学者の実態であり、聖徳太子以前の日本の古代史に対する学校教育の現在の姿である。

『日本書紀』が一三〇〇年を経た現在においても日本古代の正史として天皇の歴史＝日本の起源を知る必須の本であることは誰もが認めている。しかし『日本書紀』はアマテラスを祖とし神武を初代天皇とする皇国史観に満ちた虚実半々の物語であることも知らなければならない。本書『日本古代国家の成立と天皇の起源』は虚と実を知る一書として読んでいただければ幸いである。

二〇二〇年八月末月

林　順治

◎参考文献

〔全般〕

『日本書紀①〜③』（新編日本古典文学全集）、小島憲之・直木孝次郎・西宮一民・蔵中進・毛利正守校注・訳、小学館、一九九四年
『古事記』（新編日本古典文学全集1）、山口佳紀・神野志隆光校注・訳、小学館、一九九七年
『続日本紀』（現代語訳）宇治谷孟、講談社学術文庫、一九九二年

〔石渡信一郎の本〕

『アイヌ民族と古代日本』（私家版）、石渡信一郎、一九八四年
『日本古代王朝の成立と百済』（私家版）石渡信一郎、一九八八年
『応神陵の被葬者はだれか』石渡信一郎、三一書房、一九九〇年
『蘇我馬子は天皇だった』石渡信一郎、三一書房、一九九一年
『日本書紀の秘密』石渡信一郎、三一書房、一九九二年
『蘇我王朝と天武天皇』石渡信一郎、三一書房、一九九六年
『ヤマトタケル伝説と日本古代国家』石渡信一郎、三一書房、一九九八年
『日本地名の語源』石渡信一郎、三一書房、一九九九年

『増補新版　百済から渡来した応神天皇』石渡信一郎、三一書房、二〇〇一年
『蘇我大王家と飛鳥』石渡信一郎、三一書房、二〇〇一年
『日本神話と藤原不比等』石渡信一郎、信和書房、二〇〇一年
『日本神話と史実』（上・下）石渡信一郎、信和書房、二〇一二年年
『新訂・倭の五王の秘密』石渡信一郎、信和書房、二〇一六年

〔その他〕

『八幡宮の研究』宮地直一、理想社、一九五一年
『魏書倭人伝・ほか』石原道博編訳、岩波文庫、一九五一年
『日本民族の起源』岡正雄、江上波夫ほか、平凡社、一九五八年
『日本国家の起源』井上光貞、岩波新書、一九六〇年
『はにわ誕生』金谷克己、講談社、一九六一年
『津田左右吉全集』（第三巻、日本上代史の研究）、岩波書店、一九六二年
『天武天皇出生の謎』（増補版）、大和岩男、六興出版、一九六二年
『古事記と日本書紀』（坂本太郎著作集第二巻）、吉川弘文館、一九六五年
『騎馬民族国家』江上波夫、中公新書、一九六七年
『遊牧騎馬民族国家』護雅夫、講談社現代新書、一九六七年
『日本古代の国家形成 征服王朝と天皇家』水野祐、講談社現代新書一九六七年

参考文献

『「おかげまいり」と「ええじゃないか」』藤谷俊夫雄、岩波新書、一九六八年
『法隆寺雑記帳』石田茂作、学生社、一九六九年
『古代朝日関係歴史』金錫亨著、朝鮮史研究会訳、勁草書房、一九六九年
『飛鳥仏教史研究』田村園澄、塙書房、一九六九年
『日本神話』上田正昭、岩波新書、一九七〇年
『神々の体系』上山春平、中公新書、一九七二年
『隠された十字架』梅原猛、新潮社、一九七二年
『「邪馬台国」はなかった』古田武彦、朝日新聞社、一九七二年
『飛鳥随想』石田茂作、学生社、一九七二年
『「天皇制」論集』久野収・神島二郎編著、三一書房、一九七四年
『古事記成立考』大和岩雄、大和書房、一九七五年
『折口信夫全集』(第一巻、まれびとの意義)、中公文庫、一九七五年
『折口信夫全集』(第九巻、柿本人麻呂ほか)、中公文庫、一九七六年
『折口信夫全集』(『古事記』ほか)、中公文庫、一九七六年
『天皇の祭祀』村上重良、岩波新書、一九七七年
『蘇我蝦夷・入鹿』門脇禎二、吉川弘文館、一九七七年
「五世紀後半の百済政権と倭」(立命館文学433・434号)、古川政司、一九七八年
『百済史の研究』坂元義種、塙書房、一九七八年

『天武朝』北山茂夫、中公新書、一九七八年
『ゼミナール日本古代史』（上・下）上田正昭・直木孝次郎・森浩一・松本清張編著、光文社、一九七九年
『日本の神々』平野仁啓、講談社現代新書、一九八二年
『水底の歌』（上・下）、梅原猛、新潮文庫、一九八三年
『季刊・東アジアの古代文化４２号』（「古代王権の歴史改作のシステム」）井原教弼、大和書房、一九八五年
『八幡信仰』中野幡能、塙書房、一九八五年
『持統天皇』直木孝次郎、吉川弘文館、一九八五年
『持統天皇』吉野裕子、人文書院、一九八七年
『聞書き・南原繁回顧録』東京大学出版会、一九八七年
『藤ノ木古墳と六世紀』黒岩重吾・大和岩雄、大和書房、一九八九年
『遣唐使の研究』増村宏、同朋舎出版、一九八八年
『仏教』（特集〈天皇制を解読する〉法蔵館、一九八九年一一月号
『東アジアの古代文化（夏号六四号）』（特集万葉集と古代史）、大和書房、一九九〇年
『季刊東アジアの古代文化（春・六七号）』（特集天武天皇の時代）、大和書房、一九九九一年
『見瀬丸山古墳と天皇陵』（季刊考古学・別冊二）猪熊兼勝編、雄山閣、一九九二年
『大化改新』遠山美都男、中公新書、一九九三年

参考文献

『山海経』（平凡社ライブラリー）高馬三良、平凡社、一九九四年
『高松塚古墳』森岡秀人・網干善教、読売新聞社、一九九五年
『日本人の成り立ち』埴原和郎、人文書院、一九九五年
『伊勢神宮の成立』田村圓澄、吉川弘文館、一九九六年
『歴史と旅』（特集動乱！古代王朝交替の謎）、秋田書店、一九九三年一〇月号
『金光明経』壬生台舜、大蔵出版仏典講座、一九九七年
『埋もれた巨象』（岩波同時代ライブラリー）、上山春平、岩波書店、一九九七年
『秦氏とその民』加藤謙吉、白水社、一九九八年
『丸山真男講義録』（第四冊）丸山真男、東京大学出版会、一九九八年
『ヤマト渡来王朝の秘密』朴炳植、三一書房、一九九八年
『〈聖徳太子〉の誕生』大山誠一、吉川弘文館、一九九九年
『日本書紀の謎を解く』森博達、中公新書、一九九九年
『懐風藻』江口孝夫全訳注、講談社学術文庫、二〇〇〇年
『好太王碑研究とその後』李進熙、青丘文化社、二〇〇〇年
『季刊 東アジアの古代文化 １０２号』（特集「聖徳太子と日本書記」）大和書房、二〇〇〇年一月
『季刊 東アジアの古代文化 １０４号』（特集「聖徳太子の謎にせまる」）大和書房、二〇〇〇年八月
『アマテラスの誕生』筑紫申真、講談社学術文庫、二〇〇三年
『天皇と東大』立花隆、文芸春秋社、二〇〇五年

『季刊 邪馬台国 九二号』(「特集隅田八幡神社の人物画像鏡銘文の徹底的研究」) 安本美典編集、梓書院、二〇〇六年
『謎の豪族蘇我氏』水谷千秋、文春文庫、二〇〇六年
『壬申の乱を歩く』倉本一宏、吉川弘文館、二〇〇七年
『アマテラスの誕生』溝口睦子、岩波新書、二〇〇九年
『大和王権と河内王権』(直木孝次郎古代史を語る⑤) 直木孝次郎、吉川弘文館、二〇〇九年
『高松塚・キトラ古墳の謎』山本忠尚、吉川弘文館、二〇一〇年
『日本国号の歴史』小橋敏男、吉川弘文館、二〇一〇年
『天智と持統』遠山美都男、講談社現代新書、二〇一二年
『「古事記」成立の謎を探る』大和岩雄、大和書房、二〇一三年
『よみがえった原日本書紀』金森信和、和泉書院、二〇一三年
『伊勢神宮と天皇の謎』武澤秀一、文春新書、二〇一三年
「百舌鳥・古市古墳群出現前夜」(平成25年度春季特別展)、大阪府立近つ飛鳥博物館、二〇一三年
『天智天皇』森公章、吉川弘文館、二〇一六年
『日本書紀の呪縛』(シリーズ〈本と日本史〉①) 吉田一彦、集英社新書、二〇一六年
『蘇我氏と馬飼集団の謎』平林章仁、祥伝社新書、二〇一七年
『日本辺境論』内田樹、新潮新書、二〇一七年
『丸山真男集』(第四集　正統と異端、東京女子大学丸山真男文庫編)、岩波書店、二〇一八年

参考文献

『古代朝鮮語と日本語』金思燁、明石書店、一九九八年燁

『箱の中の天皇』赤坂真理、河出書房新社、二〇一九年

『皇室、小説、ふらふら鉄道』原武史・三浦しをん、角川書店、二〇一九年

『卑弥呼、衆を惑わす』篠田正浩、幻戯書房、二〇一九年

『「倭国」の誕生』仲島岳、海鳴社、二〇一九年

『ヤマト王権の古代学』坂靖、新泉社、二〇二〇年

〔著者紹介〕

林　順治（はやし・じゅんじ）

旧姓福岡。1940年東京生れ。東京空襲の1年前の1944年、父母の郷里秋田県横手市雄物川町深井（旧平鹿郡福地村深井）に移住。県立横手高校から早稲田大学露文科に進学するも中退。1972年三一書房に入社。取締役編集部長を経て2006年3月退社。

著書に『馬子の墓』『義経紀行』『漱石の時代』『ヒロシマ』『アマテラス誕生』『武蔵坊弁慶』『隅田八幡鏡』『アマテラスの正体』『天皇象徴の日本と＜私＞1940-2009』『八幡神の正体』『古代七つの金石文』『法隆寺の正体』『日本古代国家の秘密』『ヒトラーはなぜユダヤ人を憎悪したか』『「猫」と「坊っちゃん」と漱石の言葉』『日本古代史問答法』『エミシはなぜ天皇に差別されたか』『沖縄！』『蘇我王朝の正体』『日本古代国家と天皇の起源』『隠された日本古代国家Ⅰ、Ⅱ』（いずれも彩流社）。

『応神＝ヤマトタケルは朝鮮人だった』『仁徳陵の被葬者は継体天皇だ』（河出書房新社）、『日本人の正体』（三五館）、『漱石の秘密』『あっぱれ啄木』（論創社）、『日本古代史集中講義』『「日本書紀」集中講義』『干支一運６０年の天皇紀』『天皇象徴の起源と＜私＞の哲学』『改訂版・八幡神の正体』『日本古代史の正体』『天武天皇の正体』『日本書紀と古事記』『天皇の系譜と三種の神器』『蝦夷と東北の日本古代史』（いずれもえにし書房）。

隠《かく》された日本古代史《にほんこだいし》 Ⅲ——存在《そんざい》の故郷《こきょう》を求《もと》めて

2024年1月31日　初版第1刷発行　　定価はカバーに表示してあります

著　者　林　順　治

発行者　河　野　和　憲

発行所　株式会社　彩流社
〒101-0051　東京都千代田区神田神保町3-10　大行ビル6F
電話　03 (3234) 5931　FAX　03 (3234) 5932
https://www.sairyusha.co.jp
印刷・製本　㈱丸井工文社
装幀　小　林　厚　子

ISBN978-4-7791-2948-3 C0021

(電)は電子版有ります

隠された日本古代史

978-4-7791-2858-5 C0021(22・10) (電)

存在の故郷を求めて　林　順治　著

著者の内的葛藤と古代国家の形成過程がシンクロし、心性の深奥に分け入る希有な天皇論と古代史論。自著『馬子の墓』『義経紀行』『漱石の時代』『ヒロシマ』『アマテラス誕生』『武蔵坊弁慶』『隅田八幡人物画像鏡』の「はじめに」と「あとがき」の集成本。　四六判並製　2,700円＋税

隠された日本古代史Ⅱ

978-4-7791-2905-5 C0021(23・06) (電)

存在の故郷を求めて　林　順治　著

歴史の真実は現れるために隠されている！ 百済の二人の王子は、崇神・垂仁＋倭の五王「讃・珍・済・興・武」の済に婿入りし、兄は応神陵、弟は仁徳陵に埋葬された。わが存在の故郷を求めつつ、騎馬民族王朝の成立と古代蝦夷と天皇の起源を物語る。　四六判並製　2,800円＋税

古代 七つの金石文

978-4-7791-1936-1 C0021(13.09) (電)

日本古代成立の正体を知る　林　順治　著

偶然に見つかって奇跡的に出土した七つの金石文。そのメッセージの読み方で古代史像は大きく変わる。"似たる共通の運命をもつ七つの金石文"を一連のつながりの物語として読み解くことで、日本古代史の驚くべき秘密が明らかされる。　四六判上製　2,000+税

八幡神の正体

978-4-7791-1855-5 C0021(12・12) (電)

もしも応神天皇が百済人であったとすれば　林　順治　著

八幡神出現の欽明天皇の世から現在まで、日本人の信仰の対象となった八幡神とは⁉"八流の幡と天下って吾は日本の神と成れり"と宣言した八幡神が、第十六代応神天皇ならば……。日本国家の起源及び律令国家「日本」によるエミシ38年戦争の本質を衝く。　四六判上製　2,200円＋税

日本古代国家の秘密

978-4-7791-2174-6 C0021(15・10)

隠された新旧二つの朝鮮渡来集団　林　順治　著

だれが日本をつくったのか?!　通説とは異なる日本誕生の真相！「記紀」編纂の総責任者藤原不比等は、加羅から渡来した崇神・垂仁＋倭の五王と百済から渡来した兄弟王子（昆支と余紀）を秘密にした。そのカモフラージュを暴く。　四六判上製　1,800円＋税

日本古代国家と天皇家の起源

978-4-7791-2711-3 C0021(20・11) (電)

運命の鏡 隅田八幡鏡は物語る　林　順治　著

天皇家始祖神、加羅系アマテル神及び八幡神はいかに葬られたか。アマテラスから神武への万世一系天皇の物語「記紀」を再検証！古代日本では、朝鮮半島加羅系、百済系渡来集団こそが建国の祖であったことを論証する。　四六判並製　2,500円＋税